시 창작법

시 창작의 지평과 시론

신기용 지음

도서출판 **이바구**

저자의 말

시 창작 입문서 『창조적 상상력과 시 창작의 지평』(2020)에서 부족한 부분을 보완했다. 이번 시 창작법 『시 창작의 지평과 시론』에는 시, 시조, 동시 창작 기법과 시조 창작 기법, 담시, 동심시 시론 위주로 엮었다.

제1부 '시 창작의 길'에는 여러 지면을 통해 발표했던 시 창작과 시론 관련 촌평을 수록했다. 아직 발표하지 않은 원고도 포함했다. 제2부 '시 창작 기법'에는 시 창작 입문서에 수록했던 창작 기법 관련 일부 원고를 보완하여 수록했다. 제3부 '시론'에는 현대 시조 창작 기법, 동심시론, 담시론을 수록했다. 제4부 '메타 구조의 사설 시조'에는 시조집 『시가 밥 먹여 주나』(2023)에 발표한 사설시조로 쓴 메타시를 수록했다.

이번 시 창작법이 시인이나 시인 지망생에게 긍정적인 영향을 끼치기를 바랄 뿐이다.

2023년 여름, 신기용

목차

저자의 말 ‖ 3

제1부 시 창작의 길

묘사와 진술의 조화 ‖ 10
시적 묘사의 개념 이해 ‖ 12
시적 진술의 개념 이해 ‖ 15
욕심과 허영심을 내려놓자 ‖ 18
작품의 결점을 성찰하자 ‖ 20
등단 시인은 문학 전문가 ‖ 23
등단 시인이 경계해야 할 욕심 ‖ 26
나르시스와 결별하자 ‖ 28
창작 원리 이해와 작품론 ‖ 30
무식한 문인의 길을 걷지 말자 ‖ 33
위로와 치유의 상상력을 펼치자 ‖ 35
갈마드는 시간성과 시적 상상력 ‖ 38
시인의 의무와 책무 ‖ 40
창작의 근원은 상상력 ‖ 42
구체적으로 묘사하는 과업 수행 ‖ 46
시 제목은 우리말로 ‖ 48
시 다듬기 고려 요소 ‖ 51

제2부 시 창작 기법

시와 산문의 경계쯤은 분별하자 ‖ 56

모방과 독창성의 경계쯤은 분별하자 ‖ 60

시적 상상력의 암살범 한자 관념어를 사살하라 ‖ 63

설명하려는 시는 죽은 시다 ‖ 66

시적 허용과 시인의 의도 ‖ 72

구두점 생략의 역사, 이쯤은 알고 생략하자 ‖ 80

여백의 미, 단시(짧은 시) 읽기 ‖ 83

제3부 시론

현대 시조 창작 기법 ‖ 108

길의 플롯, 담시「영도다리 아리랑」시론 ‖ 148

동심시론(童心詩論) : 동심시의 시각화 형태 실험 ‖ 157

제4부 메타 구조의 사설시조

시인의 날갯짓 ‖ 172

갈마드는 상상력 ‖ 173

시인의 길 ‖ 174

왕짜가 시인 자가 진단 항목 ‖ 175

절대자를 욕하는 시인 ‖ 176

이름 모를 꽃을 외치면 ‖ 177

시인의 하심 ‖ 178

늪으로 가는 시인에게 ‖ 179

시인의 성찰 ‖ 180

등단 시인은 전문가 ‖ 182

시가 밥 먹여 주나 ‖ 184

유치한 시 ‖ 186

창작 원리쯤은 알아야 시인 ‖ 188

제1부 시 창작의 길

묘사와 진술의 조화

시적 묘사의 개념 이해

시적 진술의 개념 이해

욕심과 허영심을 내려놓자

작품의 결점을 성찰하자

등단 시인은 문학 전문가

등단 시인이 경계해야 할 욕심

나르시스와 결별하자

창작 원리 이해와 작품론

무식한 문인의 길을 걷지 말자

위로와 치유의 상상력을 펼치자

갈마드는 시간성과 시적 상상력

시인의 의무와 책무

창작의 근원은 상상력

구체적으로 묘사하는 과업 수행

시 제목은 우리말로

시 다듬기 고려 요소

묘사와 진술의 조화

시나 수필을 쓸 때 넋두리, 피상적 주장, 자기중심적인 사고 등을 표현한다면 문제가 없을까?

일기에는 넋두리, 피상적 주장, 자기중심적인 사고 등을 마음대로 표현할 수 있다. 시와 수필에서는 곤란하다. 이런 표현의 시와 수필은 함량 미달로 평가받을 수 있다.

시 창작 용어 가운데 시적 묘사(설명적 묘사, 암시적 묘사, 주관적 묘사, 객관적 묘사)와 시적 진술(독백적 진술, 권유적 진술, 해석적 진술)은 매우 중요하다. 시를 창작할 때 묘사와 진술의 조화를 항상 고려해야 한다. 이 용어는 수필에도 적용한다.

시와 수필에서 독백적 진술을 허술하게 하면 감정 과잉의 넋두리에 불과한 결과를 초래할 수 있다. 권유적 진술을 허술하게 하면 비이성적인 피상적 주장으로 난삽한 결과를 초래할 수 있다. 해석적 진술을 허술하게 하면 자기중심적인 표현을 벗어나지 못해 객관성을 상실한다. 이들은 감동과 공감의 표현과는 거리가 멀다.

 문학에서 '산문적 진술'과 '운문적 진술'이라는 용어를 사용한다. 수필에 '운문적 진술'에 무게를 둔다면 '시적 수필'이다. 수필에서 '산문적 진술'은 본령이다. 누군가 당신의 시에 대해 '산문적 진술에 무게를 둔 시'라고 평가한다면, 그건 욕일 수 있다. 가짜 시인은 그게 욕인 줄도 모른다. 가짜 시인은 자기의 시집 해설에 이런 용어가 자리 잡고 있어도 칭찬인 줄 착각한다. 산문시도 '산문적 진술'의 바탕 위에 '운문적 진술'에 무게를 둬야 한다.

 《표준국어대사전》에서 산문시란, "산문 형식으로 된 시. 시행을 나누지 않고 리듬의 단위를 문장 또는 문단에 둔다. 산문과는 달리 서정적으로 시화하여 묘사한다는 데 특징이 있다."라고 정의해 놓았듯, 산문시에도 운율(리듬)과 묘사가 중요하다. 이는 '운문적 진술'에 무게를 둔다는 의미가 내포해 있다. 산문시에서도 독백적 진술, 권유적 진술, 해석적 진술을 촘촘하게 고려해야 한다. 이를 느슨하게 다루면, 넋두리, 피상적 주장, 자기중심적인 사고만을 표현하는 한계에 봉착할 것이다.

 시다운 시를 쓰려면 묘사와 진술의 조화를 고려해야 한다.

시적 묘사의 개념 이해

시집은 시집인데 시적 묘사라곤 하나도 없는 시집!
이게 시집일까?

진술 시에 무게를 뒀다면 있을 수 있는 일일 것이다. 이런 시집의 경우, 진술 시와도 거리가 멀 가능성이 농후하다. 산문체에 행을 갈라놓은 수준일 수 있다.

묘사란 《표준국어대사전》에 "어떤 대상이나 사물, 현상 따위를 언어로 서술하거나 그림을 그려서 표현함."이라고 정의해 놓았다. '언어로 서술하거나'에 국한하여 해석하면, 서술을 설명과 동일한 성질로 인식할 수도 있다. 이런 이유로 요즘 시인의 일부는 장황한 설명을 늘어놓는 것일까?

오규원의 『현대시작법』에서 시적 묘사를 "사물이나 현상이 지닌 성질, 인상을 감각적으로 표현하는 언술 형식이다.", "감각적, 암시적 성향의 언술이다.", "구체적으로 그려 내는 언술이다." 등 다양하게 정의하고 있다. 오규원의 책에서 시적 묘사 관련 내용을 개념 위주로 요약해 본다.

　　시의 묘사는 설명적 묘사, 암시적 묘사. 주관적 묘사, 객관적 묘사로 나눈다.
　　설명적 묘사(expositional description)는 일정한 대상에 관한 정보를 전달하거나 서사의 전개를 돕는다.
　　암시적 묘사(suggestive description)는 정보 제공보다는 지배적 인상의 표현으로 대상의 성질을 암시한다. (시가 주로 사용하는 묘사이다.)
　　암시적 묘사를 다시 주관적 묘사와 객관적 묘사로 나눈다. 주관적 묘사는 심리적 또는 감각적 대상 파악이 그 기조를 이루는 표현이다. 객관적 묘사는 사실적 정황들만을 의도적으로 드러낸다. 현장성과 사실성(reality)을 제시하거나 이를 바탕으로 표현한다.
　　주관적 묘사든 객관적 묘사든 그 묘사의 정신은 감정과 설명을 배제하고 대상의 지배적인 인상을 구체적으로 표현하고자 하는 데 있다.

시인이라면 시적 묘사 관련 용어를 깊이 생각해 볼 문제이다. 오규원의 『현대시작법』에서 "묘사가 시의 본질이다."라며 강조한다. 그런데 "시는 사물이나 현상에 대한 느낌(feeling)을 직접 제시하는 언술 양식이다."라고도 주장한다. 묘사가 시의 본질이라고 해 놓고, 직접 제시라고 말하면 맞을까? 이는 개

넘적 오류일 수 있다. 묘사는 그 자체가 간접 표현, 즉 간접 언술을 의미한다. 물론 직접 묘사와 간접 묘사, 혹은 사실 묘사와 변형 묘사라는 문학 용어도 있다. 그러나 묘사는 주관적 묘사든 객관적 묘사든 감정과 설명을 배제하고 간접 정서로 표현하는 언술이다. 엘리엇(T. S. Eliot)이 처음 사용한 객관적 상관물도 정서와 사상을 간접 정서로 표현한다는 의미이다.

시에서 현장성과 현실성(reality, 사실성)을 제시하는 객관적 묘사는 객관화 측면에서 사실적 정황만을 제시하는 사실(직접) 묘사로 표현하기도 한다. 그러나 시에서는 객관적 묘사도 현장성과 사실성을 바탕으로 하여 변형(간접) 묘사로 표현하는 것이 더 바람직하다. 시적 대상을 눈에 보이는 현상과 다르게 변형하여 묘사하는 기법이 더 좋다는 의미이다. 변형 묘사는 러시아 형식주의의 용어인 '낯설게 하기'와 프라하학파의 용어인 '전경화(前景化)'를 실현하는 묘사 기법이기도 하다.

시는 느낌을 직접 제시하기보다 그림 그리듯 구체적으로 형상화하여 간접 제시해야 한다. 시는 "기쁘다, 슬프다, 아프다."라며 직접 정서로 제시하기보다 그림을 그리듯 묘사를 통해 간접 정서로 제시해야 한다. 직접 정서로 제시한다면 묘사는커녕 설명적 진술도 아닌 넋두리일 가능성이 높다.

시적 진술의 개념 이해

　시집을 읽을 때, 전 분량이 비시적 표현으로 일관한 사례를 종종 본다. 이는 묘사 시도 진술 시도 아닌, 넋두리 늘어놓기, 피상적 주장, 자기중심적 설명으로 일관한다는 의미이다.

　진술이란 《표준국어대사전》에 "일이나 상황에 대하여 자세하게 이야기함. 또는 그런 이야기"라고 정의하고 있다. 일부 시인이 "자세하게 이야기함."을 설명으로 착각하는 듯하다. 한 시인에게 "이 시집에는 묘사 시가 없군요?"라고 말하자, 자기의 시는 진술 시라고 침을 튀기며 말했다. 정작 그의 시는 넋두리로 일관하거나 구체적인 속성을 드러내지 못한 피상적 난삽한 설명문에 행갈이해 놓은 산문체였다.

　오규원의 『현대시작법』에서 "시적 진술은 묘사 못지않게 우리 정서의 밑바닥에 자리 잡고 있는 상투적인 의미 체계에 새로운 충격을 줄 수 있는 깨달음을 동반하는 표현이어야 한다."라고 강조한다.

또한, 오규원은 "시적 묘사가 가시적, 제시적, 감각적이라면, 시적 진술은 가청적, 고백적, 해석적 성향이다."라고 강조한다. 오규원의 책에서 시적 진술 관련 내용을 개념 위주로 요약해 본다.

> 시적 진술은 크게 독백적 진술, 권유적 진술, 해석적 진술로 나눈다.
> 독백적 진술은 스스로가 시적 대상이 되어 반성하고 기원하는 형태이다. (진술하는 주체 중심의 회고와 반성과 기원이 주를 이룬다.)
> 권유적 진술은 자기의 주장을 불특정 개인 또는 다수에게 적극 동조를 요청하는 형태이다. (동조와 참여를 청하는 주체의 주장 중심의 언술이다.)
> ※독백적 진술은 자기 반성적 성향인 반면, 권유적 진술은 타인에게 반성을 촉구하는 성향이다.
> 해석적 진술은 일정한 시적 대상에 대한 시인 나름의 해석과 비판의 형태로 나타난다. (객체 중심의 탐구와 비판 성향이다.)
> 어느 것이든 시적 진술은 내성적 자각의 성격을 띤다.

시인이라면 시적 묘사 관련 용어뿐만 아니라, 시적 진술 관련 용어도 깊이 생각해 볼 문제이다. 시적 진술은 고백적이고 가청적이다. 그래서 내성적 자각 진술이라고도 한다. 시적 인식 내용을 명시적으로 드러내지 않는다는 점에 유의해야 한다. 시에서 인식 내용은 적당히 드러내고 적당히 숨기는 것이 묘미이다.

　진술 시의 범주에도 들지 못하는 넋두리 늘어놓기, 시적 대상의 속성을 꿰뚫지 못하고 겉만 훑는 피상적 설명조, 자기중심적 설명조의 글에 시라는 이름표를 달지 말자!

제1부 시 창작의 길

욕심과 허영심을 내려놓자

　열등감을 잠재우지 못하면 욕심과 허영심이 고개를 내민다. 열등감을 경계하지 않으면, 비윤리적이고 비도덕적인 행위에 빠져들 수 있다. 특히 표절의 유혹에 빠질 수 있다. 이로 말미암아 작가나 시인으로서 치명적인 타격을 입을 수 있다. 나아가 인생을 망쳐 놓을 수도 있다. 열등감을 훌훌 털어 버려야 독자에게 감동을 줄 수 있는 작품을 쓸 수 있다.
　우리는 표절이 사회의 병폐로 자리매김하고 있는 시대에 살고 있다. 이 세상에서 가장 아름다워야 할 문학 작품이 비도덕적 산물로 전락해 버리기도 했다. 작가의 명예욕을 충족하기 위한 열등감의 산물로 전락해 버렸다. 이 열등감은 욕심과 허영의 싹을 틔우기 마련이다. 즉, 표절 행위는 어떠한 변명으로도 해명할 수 없는 창작자의 열등감이 싹을 틔운 욕심과 허영의 산물이다. 독자가 책을 멀리하는 이유 중 하나일 수도 있다.

인간의 정신세계를 맑고 밝게 선도해 나가야 할 문학 작품이 표절이라는 퇴행적 행위 때문에 몸살을 앓고 있다. 문학이 스스로 미적 추구의 본령을 망각하고 도덕 불감증 시대를 앞당겨 열어 놓은 것은 아닐까?

표절이란 인간의 열등감이 빚어낸 욕심과 허영심 때문에 발생하는 나쁜 행위이다. 실력이 없거나 자격이 없는 자가 작가나 시인 직함을 얻은 뒤, 그 직함을 유지하려고 표절 행위를 자행하는 사례도 있다. 열등감이 검은 손을 내밀어 껍데기에 불과한 명예욕을 충족하고자 수단과 방법을 가리지 않고 남의 작품을 베낀다. 그 결과물이 표절작이다.

살다 보면 종종 열등감이 불쑥 튀어나온다. 이로 말미암아 욕심과 허영심을 잠재울 수가 없다. 이를 내려놓을 수만 있다면 누구나 성공한 삶을 살 수 있을 것이다. 실천하기가 어려운 일인 만큼 빨리 내려놓으면 놓을수록 밝은 미래가 펼쳐질 것이다.

문인이여, 열등감이 빚어낸 욕심과 허영심을 내려놓는 연습이 빠르면 빠를수록 좋다. 이를 실천해 보자!

작품의 결점을 성찰하자

 늘 작품의 결점을 성찰해야 성공적인 작품을 남길 수 있다.
 작가라면 명작 한 편쯤은 남기고 싶어 한다. 명작은 아니더라도 독자들이 인정해 주는 성공적인 작품 한 편쯤을 남기려고 애를 쓴다. 작가라고 해서 누구나 성공적인 작품을 남길 수 있는 것은 아니다.
 성공적 작품은 그냥 하늘에서 뚝 떨어지지 않는다. 성공한 작가의 대부분은 뼈를 깎듯 작품을 쓰고, 그 작품의 결점을 스스로 찾아내어 퇴고하고, 합평을 통해 결점을 성찰하는 일련의 과정을 반복한다. 혹독한 합평 때문에 자존심이 자근자근 짓밟히기도 하고, 눈물을 흘리기도 하고, 가슴앓이도 한다. 이를 감당할 수 없다면 문인이라는 직함을 내려놓는 것이 타당할 것이다.
 성장통이 생략된 성장은 없다. 그런 혹독한 과정을 거치지 않으면서 성공적인 작품을 쓰겠다고 덤벼드는 작가들을 볼 때면 강도와 다름없다는 생각이 든다. 대충 작품을 써서 성공한 사례가 전혀 없지는 않다. 그런 사례 대부분은 출판사나 작가의 유명세와 더불어 거대 자본의 광고 효과가 만들어 낸다. 자본주의 논리에서는 흠이 될 일은 아니다. 하지만 작품의 질적인 면에서 볼 때 노력의 산물과는 거리가 먼 "운이 좋아서"라는 평가를 받을 수밖에 없다.

운도 실력일까? 이런 경우 잠시 성공한 듯하지만, 실상 작품의 완성도 측면에서 성공적이지 못해 비판의 대상으로 전락하기도 한다. 자업자득이란 말이 그냥 생긴 말은 아니다.

작가라면 다독(多讀)과 다필(多筆)이 필수이다. 하루아침에 이루어질 수 있는 것이 아니다. 함량 미달의 작품을 발표하는 작가들의 문제점을 지적할 때 독서량 부족, 즉 읽기 부족에서 찾기도 한다. 함량 미달의 작품을 발표하면서도 철면피처럼 행동하는 작가도 있다. 자아도취에 빠져 허우적대다 못해 자멸의 길로 접어들기도 한다.

여러 지면에서 안도현 시인의 글을 인용하여 권위에의 호소를 하기도 했다. 이 글에서도 인용한다. 안도현 시인의 『가슴으로도 쓰고 손끝으로도 써라』(한겨레출판, 2009)의 마지막 부분 글을 그대로 인용하여 아래와 같이 읽어 본다.

시인이여, 누군가 당신 시의 결점을 지적하면 겸손하게 귀를 열고 가만히 들을 일이다. 얼토당토않은 비판이라도, 되먹지 못한 소리라도, 개 풀 뜯어먹는 소리라 해도 달게 들어야 한다. 독자가 당신의 시를 오독한다고 독자를 가르치려고 대들지 말 것이며, 제발 어느 날짜에 쓴 시라고 시의 끝에다 적어 두지 마라. 당신에게는 그 시를 완성한 날이 대단한 의미가 있을지 몰라도 독자는 그따위를 알려고 당신의 시를 읽지 않는다. 당신이 완성했다는 그 시는 당신의 마음속에서 완성된 것일 뿐, 독자의 마음속으로 들어가 언제든지 변화하고 성장할 준비가 되어 있는 유기체인 것이다.

작가는 늘 자기의 작품이 지닌 결점을 되짚어보면서 성찰하는 태도를 견지해야 한다. 세상에 내놓기 전에 다듬고 다듬을수록 완성도가 높아지기 마련이다. 그래야 명작은 아니더라도 성공적인 작품이 탄생한다.

시 창작의 지평과 시론

등단 시인은 문학 전문가

　등단 시인(문인)은 전문가다. 전문가 반열에 오르기 위해 등단 절차를 밟는 것이다. 등단 시인의 작품이 아마추어 수준이라면 어떻게 평가해야 할까?
　이런 경우 등단 이후에도 부단히 작품을 갈고 닦아야 함에도 게으름에 빠졌을 가능성이 있다. 그게 아니라면 자신의 수준을 과대평가하거나 망상에 빠졌을 가능성이 있다. 시인은 늘 자기의 작품을 되돌아보고 성찰해야 한다. 자기의 작품에 관해 늘 부끄럽게 여길 줄 알아야 한다. 자아도취에 빠지는 순간 성공적인 문학 작품은 기대할 수 없다. 정확한 통계의 수치로 말할 수는 없지만, 자아도취에 빠져 아마추어 수준에 머물러 있는 작가들이 널려 있다.
　요즘 흔히 말하는 "등단 문인 10명 가운데 9명은 가짜다."라는 말과 "1년 독서량이 1,000쪽도 안 되는 작가가 득실거리는 시대다."라는 말에 왠지 공감이 간다. 독자의 시선이 따갑게 다가온다. 이런 말을 비수처럼 가슴에 꽂고 피를 흘릴 정도로 성찰해야만 성공적인 작품을 남길 수 있다. 이런 말을 듣고도 성찰하지 않고, "나는 진짜 시인이야!"라며 착각하는 순간, 아마추어 수준으로 전락하고 만다. 이런 시인은 암흑과도 같은 자아도취에 빠져 허우적거리면서도 그것이 광명(光明)인 줄 착각한다.

가짜 시인들은 가장 기초인 형상화, 이상화, 전경화, 이념화 등의 의미를 알고 있다 하더라도 실제 창작에 적용하는 방법을 모른다. 심지어 이런 용어를 처음 접하는 순도 0% 가짜 시인도 있다. 이들은 개념어를 시어로 채택할 정도로 관념에 사로잡혀 산다. 그게 시적 진술이고, 묘사이고, 정서 표현이라고 착각한다. 마치 철학자인 양 시를 쓴다. 나아가 시 창작의 표본인 줄 착각한다. 무식하면 용감한 법이다. 그래서 자기의 작품에 관해 성찰은커녕 부끄러워할 줄 모르고 당당하다.

수많은 시인이 착각에 빠져 허우적거리고 있다. 그들 스스로 어둠 속에 등불을 밝힐 수 있기를 바랄 뿐이다. 진짜 시인이라면 스스로 "시란 무엇인가?", "문학이란 무엇인가?"라는 화두를 던지고, 답을 찾아 길고 긴 고뇌의 여행을 하며 고투해야 할 것이다.

시 창작의 지평과 시론

진짜 시인(문인)은 늘 자기 작품과 치열하게 싸워서 이겨야 한다. 그것이 전문가의 태도이다. 문인다운 문인 정신, 시인다운 시인 정신으로 똘똘 무장하자! 문학 전문가로서 전문 정신과 책무를 망각하지 말자!

☞ **전경화**(前景化, Foregounding)의 개념과 예문을 소개한다.

전경화란, "언어를 비일상적으로 사용하여 두드러지게 보이도록 하는 일. 상투적인 표현을 깨뜨림으로써 새로운 느낌이나 지각이 일어나도록 하는 것으로 프라하학파가 언어학과 시학에서 쓴 용어이다."(《표준국어대사전》) 이 용어는 "유리 니콜라예비치 티냐노프(Y. N. Tynyanav)와 얀 무카르좁스키(J. Mukarovsky)가 러시아 형식주의자인 빅토르 시클롭스키(V. B. Shiklovsky)의 '낯설게 하기' 개념을 발전시켜 사용한 개념이다."(네이버《문학비평용어사전》 참조) 이를 실현할 때 모순 어법(형용 모순, oxymoron), 과잉 의식 어법(Hypercorrection) 등 변형적 묘사로 표현하기도 한다. 그 예문은 아래와 같다.

하이얀천사, 이수염난천사는규핏드의조부님이다. (이상, 시「내과」에서)
여울 지어 / 수척한 흰 물살 (정지용, 시「비」에서)
소리 없는 아우성 (유치환, 시「깃발」에서)
춤추며 노래하는 눈부신 새날 / 위대한 잉태 (박노해, 시「사랑」에서)
낙엽은 폴란드 망명정부의 지폐 (김광균, 시「추일 서정」에서)

등단 시인이 경계해야 할 욕심

 등단 시인(문인)이 다시 등단 절차를 밟는 사례가 흔하다. 여러 이유가 있겠지만, 가장 큰 이유는 발표 지면을 확보하지 못한 결과일 것이다. 시를 발표할 지면이 없다면 죽은 시인이나 다름없다. 다른 이유는 발표 지면이 있지만, 수준이 낮은 문예지에 계속 발표할 수 없어 수준 높은 문예지로 옮겨 타는 경우일 것이다. 등단 시인이 다시 등단 절차를 밟는 일을 대부분 문단에서 허용한다.

 반대로 등단 시인이 아마추어 경연 대회에 참가하여 상을 받는 행위는 시인 정신의 결여로 치부해 버린다. 등단 그 자체가 전문가이다. 전문가가 비전문가와 겨루는 것 자체가 욕심의 경계선을 넘어선 것이다. 이런 경우 상을 받을 확률이 높다. 전문가가 비전문가와 겨루어 상을 받아 놓고 자랑하며 떠벌리고 다닌다. 그 자체가 부끄러운 행위인지 자각하지 못한다. 자각할 수만 있다면 올곧은 시인이다. 대부분 욕심 덩

어리로 똘똘 무장하고 있어 자각하지 못한다. 자신의 글 수준이 대단한 줄 착각마저 한다. 예술성 높은 상향 수준을 지향해도 시원찮을 판에, 하향 수준을 지향하면서 스스로 아마추어로 변해 간다. 나아가 아마추어가 받아야 할 상을 빼앗으려고 이곳저곳 기웃거린다.

아마추어 경연 대회에 참가한 것 자체가 불공정인지 모른다. 이런 형평성 없는 일에 몰입하는 순간 추잡한 인간으로 전락한다. 진짜 시인은 금도를 안다. 시인 정신으로 똘똘 무장한다. 가짜 시인들은 이런 금도를 알 리도 없고, 알려고 노력하지도 않는다. 대충 인지하고 있음에도 이를 모르는 척하는 가짜 시인도 많다.

올곧은 전문가라면, 저급한 욕심을 경계하며 예술성 높은 상향 수준을 지향해야 할 것이다. 아마추어 몫의 상을 빼앗는 행위만은 하지 말자.

나르시스와 결별하자

소설가 신경숙이 단편소설 「전설」의 표절 파문 이후 6년 만에 신작 『아버지에게 갔었어』(창비, 2021)를 펴냈다. 2021년 3월 3일 신간 출판과 관련하여 창비가 주관하여 온라인 기자 간담회를 했다. 이때 신경숙은 "젊은 날에 저도 모르게 저지른 잘못 때문에 자기의 발등에 찍힌 쇠스랑을 바라보는 심정"이라고 밝혔다. "저도 모르게 저지른 잘못"이라는 대목에 주목해 본다. 이 대목만 봐도 6년 동안 자신이 "저지른 잘못"인 표절에 관해 처절한 반성이 없다는 것을 알 수 있다. 독자를 향해 말장난하는 소설가를 어떻게 평가해야 할까?

— 신기용, 계간 『문예창작』 통권 제5호에서

솔직하면 덧날까? 누구나 처절한 반성보다 방어 기제 작동이 앞서기 마련이다. 방어 기제 작동이라는 말보다 자아도취라는 말을 사용하면 어떨까? 약간의 거리감이 있지만, 유사성은 있는 듯하다.

자아도취!

절망적인 작가는 자아도취의 상징인 나르시스를 품고 산다. 타인에게 피해를 주지 않는다면 그런 삶의 방식에 손가락질할 문제는 아니다. 하지만 국민 정신세계를 선도하는 작가가 나르시스를 품고 산다면 타인에게 피해를 줄 가능성이 짙다.

나르시스처럼 자아도취에 빠진 작가를 접할 때면 마음이 무겁고 아프다. 더 독한 말로 표현하면 절망적이다. 그 절망에서 멀리 벗어나고 싶어진다.

이들의 공통점은 자신이 마치 절대자인 양 행동한다. 이들은 자신에게는 고무줄과 같은 느슨한 잣대를, 타인에게는 차갑고 엄격한 잣대를 들이댄다. 마치 자신은 창조주처럼 오류를 범하지 않는다고 인식한다. 타인은 늘 오류투성이라고 인식한다. 이런 작가를 대할 때면 자신에게 엄격한 잣대를, 타인에게는 고무줄과 같은 느슨한 잣대가 필요한 시대라는 생각이 자꾸 꿈틀댄다.

나르시스와 결별하고, 솔직해지자!

창작 원리 이해와 작품론

　요즘 시를 보면 대중 가사 같은 시가 많다. K—POP 한류와 트로트 열광과 관련이 있을 수도 있다. 분명한 것은 제아무리 아름다운 대중가요 노랫말이라 하더라도 시일 수는 없다. 물론 시를 가사로 채택하는 사례는 있지만, 별개의 문제이다.

　시 창작 기법은 대중가요 가사 작법과 다르다. 시와 가사는 서로 닮은 점도 있지만, 다른 점도 많다. 예를 들면, 시는 관념어를 배제하는 반면, 가사는 수용한다. 시는 직접 정서(아프다, 슬프다, 기쁘다 등)의 언어를 배제하는 반면, 가사는 수용한다. 시는 설명을 배제하는 반면, 가사는 수용한다. 시는 함축의 미를 추구하는 반면, 가사는 의미 전달에 치중한다.

　대중가요 가수나 노랫말 작가 가운데 시인으로 등단한 사례가 종종 있다. 이들의 시를 읽어 보면, 관념어투성이고, 지나칠 정도로 직접 정서로 표현한다. 노랫말인지 시인지 구분이 안 가는 글에 시라는 이름표를 달기도 한다. 엄격하게 말하면, 시의 자격을 갖추기에는 얼토당토않게 함량 미달인 경우가 많다.

— 신기용, 『창조적 상상력과 시 창작의 지평』에서

시 창작의 지평과 시론

　모든 예술에는 창작 원리가 있다. 문학 창작에도 원리가 있다. 그 원리를 충분히 이해하고 창작에 적용하는 문인이 얼마나 존재할까? 매우 드물다는 말이 꽤 어울릴 것만 같다. 정확한 통계는 없지만, 문인들끼리도 열 명 가운데 한두 명 정도만 창작 원리를 제대로 이해하고 있다고 서슴없이 말하곤 한다.

　과거에는 창작자가 곧 이론가이기도 했다. 이론으로 똘똘 무장하고, 그 이론을 토대로 창작에 임하는 경우가 많았다. 요즘에는 이론가는 이론가일 뿐이고, 창작자는 창작자일 뿐이라는 생각이 팽팽한 듯하다. 강단 평론가이든 현장 평론가이든 문학 작품을 제대로 창작할 줄 모르는 이론가가 의외로 많다. 이들은 이론적 잣대만으로 작품을 가치 평가한다. 이론만 무장하면 만사형통이라는 생각을 포지하고 있는 듯하다. 이런 사유로 이론가의 평문을 신뢰하지 않는 문인이 일부이긴 하나 존재한다. 창작자의 고투와 산통을 제대로 공감하지 못하기 때문일 것이다.

　그 반대로 아무런 이론 무장도 없이 문학 작품을 창작하는 사례가 많다. 이들은 자기가 창작한 작품에 작품론을 불어 넣지도 못한다. 심지어 등단 20년이 넘어도 자기가 창작한 작품의 원리에 관해 설명할 능력조차 갖추지 못하고 오로지 주먹

구구식으로 창작한다. 이런 문인을 가짜 문인이라고 말하기도 한다. 이론으로 무장하지 않았다고 다 가짜라고 치부할 수도 없는 문제이다. 이론과는 거리가 멀더라도 탁월한 창작 능력을 발휘하는 문인도 존재하기 때문이다.

　문인이라고 하면, 시간이 오래 걸리더라도 자기가 창작한 작품에 작품론을 불어넣을 수 있을 정도의 능력은 겸비해야 할 것이다.

무식한 문인의 길을 걷지 말자

 이 땅에서 문을 숭상하고 무를 천시하던 시대에는 문인이 무식한 짓을 하면 용납하지 않았지만, 무인이 무식한 짓을 하면 근본이 무식한 자들이라 여기며 큰 문제로 삼지 않았다. 물론 문무를 겸비한 무인이 없지는 않았다. 하지만 문을 숭상하는가, 무를 숭상하는가에 따라 타인의 인식은 인본 문제로까지 이어진다는 측면에서 한 번쯤 생각해 볼 일이다. 적어도 등단한 문인이라면 더 깊이 생각해 볼 일이다.
 등단한 작가가 무식한 짓을 한다면 그게 용납할 일인가. 그 무식한 짓은 어떤 것들이 있을까. 문인의 최대 가치는 글쓰기다. 글쓰기를 게을리하면서 문학 단체의 직함에 열중하거나 문단 정치에 집착하는 짓, 글로 말해야 함에도 온갖 이간질과 비인간적인 행위를 동원하는 짓, 글의 수준과는 무관한 짬짜미로 상과 상금을 받는 짓, 국민의 혈세로 조성한 각종 문예 보조금 혹은 지원금을 눈먼 돈으로 여기며 착복하는 짓, 문단

회원에게 골고루 돌아가야 할 돈을 특정인에게 돌아가게 하거나 개인이 착복하는 짓, 문단의 직함이 자신의 글 수준인 양 거들먹거리는 짓 등은 깊이 생각해 볼 일이다.

적어도 등단 작가는 이런 짓을 멀리해야 한다. 국민의 정신 세계를 이끌어 간다는 사명감으로 글쓰기에 힘써야 한다. 긍정이든 부정이든 국민 정서에 지대한 영향을 미치는 자리에 있기 때문이다. 문인이 무인보다 무식한 짓을 더 많이 하는 시대에 살고 있다는 생각이 들 때면 마음이 아프다 못해 가슴이 터질 것만 같다.

문인이여, 세상이 자신을 중심으로 돌아가지 않는다는 것쯤은 인식하고 의식하자. 보통 사람이 다 아는 이치조차 외면하며 살지 말자. 세상을 깨우치는 글, 세상을 바꾸는 글, 세상을 아름답게 꾸미는 글 등을 창작해내는 일도 문인이 해야 할 몫이다. 이를 외면하는 것도 무식한 짓이다.

위로와 치유의 상상력을 펼치자

왜 문학을 할까? 흔히 마음의 상처를 치유하고 위로받기 위해서라고 말하기도 한다. 상처 없는 사람은 없다. 지구상에 인간만이 상처를 치유하고 위로받기를 갈망한다(?) 말과 글을 통해 표현하는 유일한 존재이기 때문이다.

동물들이 음성 신호로 표현하긴 한다. 하지만 인간만이 사실이나 허구의 이야기를 표현한다. 이를 전달하거나 받아들일 수 있는 유일한 존재이기 때문이다.

문학에서 상처를 이야기의 주제 혹은 모티프로 채택하기도 한다. 문학은 상처에 관한 이야기들을 화자 혹은 등장인물을 통해서 표현하거나 묘사한다. 한국적인 한(恨)도 상처의 범주에 속한다. 독자의 입장에서는 간접 체험을 통해 위로받고 치유하는 효과를 경험하기도 한다. 위로와 치유의 상상력은 문학뿐만 아니라 모든 예술 장르에서 공통적으로 추구한다.

이를 곰곰이 생각해 보면, 시의 근원적 추구 정신이나 궁극적 목적이 '상처받은 자에 대한 위로와 치유'에 맞닿아 있음을 알 수 있다. 이를 '위로' 혹은 '사랑'이라는 말로 함축할 수도 있을 것이다.

  대부분 사람은 자신의 상처(아픔, 슬픔)에 대해 타인으로부터 위로(사랑)받기를 원하는 경향이 있다. 위로받기를 원하는 사람은 그것으로 말미암아 또다시 마음의 상처를 입기도 한다. 만일 타인으로부터 위로받기를 원하는 사람이 있다면, 그로 인해 또 다른 상처를 입을 개연성이 있다. 기대에 미치지 못하는 위로나 위선적인 위로 때문이다.

  위로받기보다는 위로해 주는 삶을 추구한다면 더 행복해질 수 있을 것이다. 시인을 비롯한 예술가들은 작품을 통해 개인이나 집단의 상처를 형상화하거나 표현하기도 한다. 위로받기보다는 위로해 주기에 익숙해져 있기에 가능한 일이다. 우리 모두 위로받기를 갈망하기보다는 위로해 주는 실천적 삶을 살아가는 것도 좋을 성싶다.

    ― 신기용, 제6평론집 『위로와 치유의 상상력』에서

  문인은 맑은 영혼이 깃든 작품을 남기고 싶어 한다. 창작 작품을 통해 스스로 위로와 치유의 정결하고 순수한 마음의 정화를 추구하면서 문학적 카타르시스에 도달하기도 한다. 또한, 타인(독자)은 이러한 작품을 통해 공감의 눈물을 흘리기도 하고, 감동의 여운을 오래도록 마음속 깊이 새겨 놓기도 한다. 그 공감과 감동이 곧 위로이다. 그 위로는 약방의 감초처럼 마음에 깊게 팬 상처를 치유해 나가는 데 효력을 발휘하기도 한다.

  문학(예술)에서 감동과 공감은 매우 중요한 화두이다. 시 창작에서도 감동과 공감, 둘 다 중요하게 다루어야 한다. 21세기 현대는 감동보다는 공감에 무게를 더 두는 경향이 있다. 20세기 주 독자가 감동의 여운이 오래 머무는 문학 작품을 선호했다면, 21세기 주 독자는 공감을 더 우선시하는 경향이다. 이를 포함한 여러 이유로 현대 사회를 '공감의 시대'라고 일컫는다. 감동보다는 공감에 더 무게를 둔다는 의미이다. 현대의 독자는 문학 작품을 접할 때, 감동과 공감을 통해 위로와 치유의 사색 혹은 상상력을 발휘하기도 한다. 삶의 다양성을 수용하면서 타인의 삶을 이해하려는 공감의 태도를 더 확연하게 드러낸다.

  문인이여, 위로와 치유의 상상력을 발휘하여 많은 독자가 공감할 수 있는 작품, 감동할 수 있는 작품을 남기면 좋겠다. 위로와 치유의 상상력을 펼치자!

감동 〈 공감

갈마드는 시간성과 시적 상상력

낮과 밤이 갈마들고, 계절이 갈마든다.

시(동시, 시조)를 읽을 때 갈마드는 봄, 여름, 가을, 겨울을 쉽게 접할 수 있다. 옛시조에서도 흔히 접할 수 있다. 이렇듯 갈마드는 시간성과 시적 상상력은 매우 밀접한 관련이 있다.

옛시조에서 '춘하추동(春夏秋冬)'과 같은 사계절, '정월, 동짓달'과 같은 월, '단오, 추석'과 같은 명절 등 직접적인 시간성의 시어를 접할 수 있다. '매화(봄)', '매미(여름)', '단풍(가을)', '눈(겨울)', 모내기(봄), 가을걷이(가을) 등 간접적인 시간성의 시어를 접할 수도 있다. 현대어로 변환한 명시조 한 편을 통해 이를 되새겨 본다.

> 동짓달 기나긴 밤의 한가운데 허리를 베어 내어
> 봄바람 이불 밑에 서리서리 넣었다가
> 고운 임 오신 날 밤이 되면 굽이굽이 펴리라.
>
> — 황진이

가람 이병기는 이 시조를 "우리 시조 역사에서 최고의 걸작이요, 최고 절창"이라고 격찬했다. 이 시조 초장의 '동짓달'은 '겨울'의 직접적인 시간성의 시어이다. 중장의 '봄바람'도 직접적인 시간성의 '봄'과 '바람'의 합성어이다. '봄바람'은 직접적인 시간성의 시어이다.

황진이가 그러했듯 이 땅의 많은 시인은 갈마드는 시간성을 통해 시적 상상력을 발휘했다. 시인이여, 시적 상상력의 진폭을 확장해 나가자! 갈마드는 시간성과 상상력의 깊이를 생각해 보면 좋겠다.

시인의 의무와 책무

"선생님께서 출판한 십여 권의 시집에는 한글 맞춤법을 무시한 시어가 너무 많습니다. 1차 책임은 시인에게, 2차 책임은 출판사에 있습니다."

"스승에게서 시어는 한글 맞춤법을 무시하고 써도 괜찮다고 배웠어요. 난 스승의 말만 믿어요."

"오자와 오류를 시적 허용이라고 합리화하려는 것은 한글 맞춤법이 정해 놓은 약속을 지키지 않겠다는 것이고, 시 창작 기법의 이치에도 맞지 않습니다."

이 대화문은 원로급 이름난 시인과 나눈 대화이다. 원로든 중견이든 시 창작 기법을 모르는 시인이 의외로 많다. 오자와 오류를 시적 허용이라고 주장하는 얼토당토않은 궤변을 듣고, 그 원로 시인의 시적 수준을 완전히 간파했다. 물론 시집을 통해 긴가민가 간파하고 있었다. 그 시인에게 아래의 내용을 설명해 주었다.

시에서 언어와 문법의 변형을 허용한다. 이를 '시적 허용'(Poetic licence) 혹은 '시적 자유', '시적 파격'이라고도 한다. 오자를 비롯한 문법 오류가 명백한 미완의 시를 놓고 시적 허용이라고 억지 주장하는 시인을 본 적 있다. 이는 미숙한 시적 역량을 감춰 보려는 방어 기제 작동이라고 말할 수 있다. 시적 허용이 시의 미학적 완성도를 제대로 갖춰야만 성립 가능한 이론임을 모르는 시인이 뜻밖에 많다는 뜻이기도 하다.

― 신기용, 『창조적 상상력과 시 창작의 지평』에서

자세한 설명에도 불구하고, 그 시인은 자기의 주장을 굽히지 않았다. 자기의 시적 수준에 대해 행동으로 비판을 가한 셈이다. 젊은 나이에 시를 배울 때 첫 단추부터 잘못 끼웠음을 스스로 폭로한 것이다. 그 시인의 스승은 이론가로서 한국 문단에 한 획을 그은 분이다. 그분의 명성을 의심하는 이가 의외로 많은 이유를 깨닫는 계기였다.

시인은 한글 맞춤법을 지켜야 할 의무가 있다. 시인의 책무는 우리말을 빛나게 하는 일이다. 사라진 언어, 죽어 가는 언어를 발굴하여 빛나게 하고, 시적 조어(造語)를 통해 새로운 언어를 창조해내는 일이다. 이런 의무와 책무를 망각하지 말자. 오자와 오류를 시적 허용이라고 억지 주장하는 얼토당토않은 변명을 늘어놓지 말자.

제1부 시 창작의 길

창작의 근원은 상상력

올해(2022) 만난 시인(문인) 가운데 자신의 창작 근원을 영감에서 찾는 사례가 의외로 많았다. 그 가운데 두 사례만 언급한다. 한 시인은 거품을 물고 강력하게 주장했다. 자신은 시를 쓰기 전에 하나님께 간절히 기도하며 하나님으로부터 계시적 영감을 받아 그대로 받아 쓴다고 피력했다. 그의 말대로 전지전능하신 하나님이 계시한 시라면 최고의 완성도에 도달해야 마땅하다. 그의 시는 입문 수준의 함량 미달이었다. 그 계시를 받은 시의 수준이 함량 미달이라는 것에 창조주의 능력을 대입해 보면, 태초에 천지 창조를 했다는 말 그 자체도 새빨간 거짓말인 셈이다. 최근 몇 년 동안 들은 거짓말 가운데 으뜸이었다.

한편, 일면식도 없는 분의 전화를 받았다. 그도 시의 창작 근원을 영감에서 찾았다. 그는 영감설을 주장한 서구의 여러 유명 시인과 이론가를 나열하기도 했다. 그는 파편적인 지식의 나열이 어처구니없는 오류임을 알 턱이 없을 것이다. 그가 창작한 대부분 시도 함량 미달이라는 점에 자꾸 시선이 갔다.

　대한민국 학제에서 정상적으로 공부하였다면 이런 얼토당토않은 말을 할 수가 없다. 우리의 학제는 이성주의, 합리주의, 과학주의에 바탕을 둔 교육 제도이다. 이런 학제 아래서 의무교육 이상의 교육을 받은 자들이 할 말은 아니다. 우리 학제는 진화론을 중시하는 반면, 창조론은 완전히 배제한다. 그 이유가 이성주의, 합리주의, 과학주의를 바탕으로 하기 때문이다.

　혹여 '직관'과 '상상력'을 '영감'으로 착각한 것이라면, 충분히 이해할 수 있다. 문예 이론을 깊이 있게 연구하지 않았을 때, 발생할 수 있는 일이다. 문학에서 '형상화'와 '이상화'는 대단히 중요한 문장 기법이다. 사전적 의미로 '형상화'란 "형체로는 분명히 나타나 있지 않은 것을 어떤 방법이나 매체를 통하여 구체적이고 명확한 형상으로 나타냄."이다. 형상화의 주 도구는 은유이다. 이 '형상화'는 상상력의 산물이 아니라 이성적 사유의 산물이다. 즉, 형상적 사유의 산물, 직관적 사유의 산물이다. '이상화'란 "현실을 그대로 보지 않고 이상에 비추어서 보고 생각하는 일."이다. 이상화의 도구는 직유, 은유, 환유이기도 하다. 이 '이상화'는 상상력의 산물이다. 즉,

창조적 상상력 이전 단계인 재생적 상상력의 산물이다. 이처럼 이들은 영감과는 거리가 매우 멀다. 그러함에도 일부 시인은 '형상화'와 '이상화'마저 '영감'이라 착각하며 이를 옹호하고 추종하고 있는 게 현실이다.

만일 시인 스스로 플라톤, 아리스토텔레스를 비롯하여 여러 유명 이론가의 이름을 거론하면서 영감설을 옹호하고 있다면, 지식의 오류를 점검해야 할 것이다. 아주 단편적인 지식을 진리의 전부인 양 착각하는 사례일 수 있다. 파편적인 지식을 통합하고, 종합하는 연구 과정을 생략할 때 당연히 발생하는 문제이다. 이런 사례는 양적·질적 연구의 부족 현상이 낳은 결과이다. 오랜 연구를 해 온 연구자조차 오류를 범한다. 연구 부족에서 오는 오류를 진리인 양 착각하지 말아야 한다. 이런 문제는 독서량 부족에서 온다. 늘 독서를 통해 자신의 지식을 되짚어보고. 점검해야 한다. 그것이 시인의 길이다.

유럽의 산업 혁명 이후 인류 문화와 문명의 발전 속도가 매우 빨라졌다. 지금도 진행형이다. 이것은 상상력의 산물이기도 하다. 시인도 창작의 근원을 상상력에서 찾아야 한다. 그 가운데 재생적 상상력에 머물지 말고 창조적 상상력에서 찾아야 한다. 이것이 현시대의 진리이다.

시 창작의 지평과 시론

　시인이여, 아직도 창작의 근원인 상상력의 힘을 믿지 못한다면 창작 행위를 그만두시라! 영감을 추종하는 무속적인 삶을 사는 것이 더 행복할 것이다.

　　☞ **형상화(形象化), 이상화(理想化)**의 개념과 예문을 읽어 본다.
　형상화란, "형체로는 분명히 나타나 있지 않은 것을 어떤 방법이나 매체를 통하여 구체적이고 명확한 형상으로 나타냄."(《표준국어대사전》)이다. 형상화의 주 도구는 은유이다. 예를 들면 아래와 같다.

　내 마음은 호수요.
　사랑은 눈물의 씨앗.

　이상화란, "현실을 그대로 보지 않고 이상에 비추어 보고 생각하는 일."(《표준국어대사전》)이다. 상대적 이상과 절대적 이상으로 구분한다. 은유, 직유, 환유로 표현할 수도 있다. 예를 들면 아래와 같다.

　저 푸른 언덕에 무지갯빛 오두막을 지어 엄마와 함께 알콩달콩 살고 싶어. (상대적 이상, 실현 가능한 이상)
　이 우주 왕복선을 타고 옥토끼와 항아가 사는 월궁으로 날아갈 거야. (절대적 이상, 실현 불가능한 이상)
　복사꽃 핀 언덕은 무릉도원(武陵桃源)이다. (이상향, 은유)
　이슬만 먹는 매미처럼 선비 정신을 뿜어내고 싶다. (이상형, 이상향, 직유)
　요람에서 무덤까지 포근한 삶 (태어나서 죽을 때까지 행복한 삶, 환유)

구체적으로 묘사하는 과업 수행

 신인상에 응모한 시와 소설에서 "이름 모를 꽃", "이름 모를 새", "이름 모를 벌레"라는 가치 없는 표현을 자주 만난다. 이런 표현만으로도 창작에 관한 지식이 부족하다는 평가를 받을 수 있다. 작품에 "이름 모를 꽃, 새, 곤충"이라는 표현을 접하는 순간 더 읽을 필요가 없다는 생각이 들지만, 응모자의 심정을 고려해 끝까지 읽어 본다. 역시 가치 없는 작품이 대부분이다.

 시인이나 소설가는 자연과 사물의 이름을 알든 모르든 그것을 형상화하고 구체적으로 묘사하는 과업을 수행해야 마땅하다. 그 과업을 포기하고 "이름 모를 꽃, 새, 곤충"이라는 가치 없는 표현을 작품에 삽입한다면, 스스로 시인이나 소설가이기를 포기하는 거나 다름없다. 완성도를 향한 고투와 치열성이 부족한 결과이다.

 2009년, "이름 모를 꽃"이라는 시행을 접하고 이를 여러 지면을 통해 비판한 적 있다. 그 시인은 발끈하여 반박해 왔다. 기초 이론마저 무장 해제 상태임을 선언하는 꼴이었다. 무식하면 용감한 법이다. 진정한 작가는 늘 자신의 작품에 엄격한 잣대를 들이대고 부끄러워할 줄 안다. 부끄러움을 모르면 나르키소스(나르시스)처럼 자아도취에 빠져 몰락한다. 현재 한국 문단에 부끄러워할 줄 모르는 가짜 작가가 너무 많다는 점이 병폐이기도 하다.

시인이여, 소설가여, 용감하게 "이름 모를 꽃"이라는 표현을 작품에 삽입해 보시라. 그 순간 웃음거리로 전락할 것이다. 혹여 지금까지의 작품에 그런 표현을 삽입한 경험이 있다면, 이제라도 기초 이론부터 차곡차곡 공부하면서 극복하여야 할 것이다.

제1부 시 창작의 길

시 제목은 우리말로

시인들은 흔히 "시 제목만 봐도 시인의 역량을 알 수 있다."라는 말을 자주 내뱉는다. 시 제목이 중요하다는 의미이다. 각종 문학상 심사 과정에서 시 제목만 보고 시인의 역량을 판단할 수 있을까? 모든 역량을 판단할 수는 없다. 그러나 많은 문인이 시 제목이 가치 없으면 본문의 내용도 가치가 없다고 인식한다.

몇 년 전 사례이다. 이름난 시인의 전화를 받았다. "이번 우리 지역 문학상 공모전을 성황리에 마쳤습니다. 수상작 수준이 매우 높습니다. 문예지 받아 보셨지요?"라고 질문하였다. 이에 고민하지 않고 곧바로 "예, 보내 주셔서 감사드립니다. 읽었습니다. 대상은 문제가 있습니다. 우리 시에 영어 제목을 달았다는 것 자체만으로도 함량 미달입니다."라고 답하였다. 갑자기 화기애애하던 통화의 분위기가 가라앉았다. 솔직한 표현이 때로는 상대의 기분을 상하게 한다는 것쯤은 누구나 잘

안다. 하지만 질문에 솔직하게 답했다. 그 시인은 생각하지 못한 답변에 놀라 "내용이 좋아서…"라고 핑계를 대며 더듬거렸다. 이에 "선생님, 잘 아시다시피 시인의 책무가 우리말을 빛나게 하는 것입니다. 영어 제목을 단 것 자체가 우리말과 시를 죽이는 행위입니다. 내용이 좋았다면 대상 선정 후에 시인의 동의를 얻어 영문은 부제로 옮기고, 제목은 달리 수정했어야 합니다. 그랬다면 주최 측에서도 어처구니없는 일을 사전에 차단할 수 있었을 것입니다. 고유명사였다면 문제가 없었겠지요. 목적시의 경우 허용할 수 있는 일이지만, 수상작은 목적성과 거리가 먼 시잖아요? 오늘은 여기까지 통화하겠습니다."라며 황급히 통화를 종료했다.

얼마 전 사례이다. 한 시인에게서 시집을 받았다. 세종대왕을 찬양하는 시도 있다고 자랑했다. 시 제목에 영문 표기도 있었다. 외국어와 외래어도 제법 많았다. 그 시인에게 말했다. "시집에 수록한 시 제목만 봐도 세종대왕을 찬양하는 것이 아니라, 욕하는 것입니다."라고 말했다. 시인은 "외국어로 표기해야 좋은 시로 인정받는다고 배웠다."라고 말했다. 지역 신문 신춘문예 당선자의 말치고는 기가 찰 노릇이었다. 대필한 시로 당선했다는 풍문, 그때 대필해 준 시인이 심사했다는 풍문, 상금은 대필자가 가지고 당선자는 명예만 가졌다는 풍문

등 여러 뜬소문이 진실일 수 있겠다는 느낌을 온몸으로 받았다. 솔직하게 다시 말해 주었다. "이 시집에 수록한 대부분의 시 본문에는 우리 문법과 무관한 국적 불명의 번역체 문장으로 채워져 있습니다. 언어의 긴장미, 행간의 긴장미, 내용의 긴장미라곤 찾아볼 수 없습니다. 산문시도 아닌 산문에 행을 갈라놓은 것입니다."라는 말과 함께 매우 상세하게 설명해 주었다. 시인은 일부 긍정하면서도 "출판사에서 시가 매우 훌륭하다고 하던데요."라며 애써 부정을 거듭했다.

시인이여, 시 제목은 우리말로 표기하시라. 영문으로 표기하면, 우리 모국어와 시를 모욕하는 행위이다.

시 다듬기 고려 요소

　많은 시인이 한 편의 시를 완성한 뒤, 며칠간 묵혀 둔다. 며칠 뒤 다시 시를 읽어 보면, 파가 눈에 들어온다. 일부 시인은 창작한 뒤 묵혀 두지 않고, 곧바로 발표 지면 편집진을 향해 원고를 전송한다.

　필자의 경우 20년 이상 묵힌 시편을 최근에 발표하기도 했다. 미완의 시라는 생각이 드는 원고는 과감하게 버린다. 파일을 삭제해 버린다. 그래도 가치 있다고 판단하는 시편은 묵힌다. 볼 때마다 파가 보인다. 비시적 표현은 시적 표현으로 변환한다.

　시를 다듬을 때, 고려해야 할 요소가 많지만, 여섯 가지만 강조해 본다.

　　① 관념어(개념어)를 제거하거나 다른 시어로 대체한다.
　　② 비시적 표현을 시적 표현으로 변환한다. 치열성과 직결하므로 고투해야 할 부분이다.

③ 기승전결의 구조를 점검한다.
④ 피동(수동)형은 능동형으로 변환한다.
⑤ 가장 먼저 제거해야 할 품사(씨)는 접속 부사를 포함한 부사이다. 그다음은 대명사이다.
⑥ 마지막으로 제목의 타당성을 검토한다.

① 관념어(개념어)를 제거하거나 다른 시어로 대체해야 하는 이유는, 시는 시일 뿐 철학이 아니기 때문이다. 시는 인간 현상, 사회 현상, 우주 현상, 자연 현상을 그림 그리듯 감각적 언어로 구체적으로 풀어나가는 문학 양식이다. 철학처럼 모든 현상을 관념화해 나가는 글은 시가 아니다. 관념어가 꼭 필요한 목적시, 특히 종교시의 경우 위치와 역할을 고려해야 한다. 리듬감을 저해하지 않는 위치여야 한다. 시의 목적에 부합하여야 한다.

② 비시적 표현을 시적 표현으로 변환해야 하는 이유는, 시상 포착 단계의 메모는 당연히 비시적 표현이기 때문이다. 직접 정서를 간접 정서로 변환하고, 진술보다는 가급적 묘사로 변환해야 한다. 즉, 이미지 형상화 작업에 몰두해야 한다. 이 부분은 시적 치열성과 직결하므로 고투해야 할 부분이다.

③ 기승전결의 구조를 점검해야 하는 이유는, 시의 이야기 구조를 탄탄하게 갖추기 위함이다. 기에 시간(때)과 장소(공

간), 상황(정황)을 장치했는가? 승에서 이야기를 단순 구조로 전개할까. 아니면 복합 구조로 전개할까를 고민하면서 여러 수사법(암시, 상징, 은유 등) 채택을 고민해야 한다. 전에 심혈을 기울여야 한다. 예술에서 반전이 중요하듯, 약한 반전이든 강한 반전이든 반전 장치에 많은 시간을 할애해야 한다. 결은 열린 결말로 할 것인가. 적당히 드러내고 적당히 감출 것인가를 고민해야 한다. 중요한 것은 적당히 숨기고 적당히 드러내는 것이 시의 묘미이다.

④ 피동(수동)형을 능동형으로 변환해야 하는 이유는, 우리말을 좀먹는 국적 불명의 번역체 문장을 타파하기 위함이다. 피동형의 시행은 국적 불명의 번역체 문장일 가능성이 높다. 시행의 긴장미도 떨어뜨리고, 역동적이지 못하다. 우리 문장의 기본 구조는 주어와 서술어이다. 동사 서술어는 자동사가 기본이다.

⑤ 가장 먼저 제거해야 할 품사가 접속 부사를 포함한 부사이고, 그다음이 대명사인 이유는, 시의 긴장미 고조를 위함이다. 부사와 대명사는 수식하는 기능 때문에 시어와 시행의 긴장을 느슨하게 만들 수 있다. 물론 부사와 대명사의 역할이 꼭 필요할 때가 있다. 그 위치와 역할을 항상 고민해야 한다.

⑥ 제목의 타당성을 검토해야 하는 이유는, 최초에 정한 제

목이 다듬고 다듬은 시의 내용과 괴리 현상이 발생할 수 있기 때문이다. 명사만으로 채택하기도 하지만, 시의 특성상 가급적 '상징이나 비유적인 제목'이면 좋을 것이다. 이때 유의해야 할 점은 너무 드러내지 말아야 한다.

시의 제목은 상징이나 비유적인 방법으로 채택하면 좋다. 적당히 드러내고 숨기면서 공감각적 이미지의 제목이면 더 좋을 것이다. 학술적 글쓰기에서 사용하는 방법인 '압축적 방법' 혹은 '발췌의 방법'으로 제목을 채택할 수도 있다. 학술적 글쓰기에서는 모호성이 강한 '상징이나 비유적 방법'을 채택하지 않는다. 시의 제목에서는 매우 중요한 방법이다.

시 다듬기를 할 때, 시어와 시행의 의미를 고려하여 조사를 넣기도 하고, 생략하기도 한다. 만일 조사를 무조건 생략하라고 배웠다면, 시 창작 공부를 첫걸음부터 진행하는 것이 좋다. 시 창작 지도자 일부가 함축을 강조하는 과정에서 조사를 무조건 생략하라며 지도한단다. 우리말에서 조사는 매우 중요한 품사(씨)이다. 시에서 생략하기도 하지만, 조사의 기능, 형태, 의미상 매우 중요하게 다루어야 할 품사이다.

제2부 시 창작 기법

시와 산문의 경계쯤은 분별하자
모방과 독창성의 경계쯤은 분별하자
시적 상상력의 암살범 한자 관념어를 사살하라
설명하려는 시는 죽은 시다
시적 허용과 시인의 의도
구두점 생략의 역사, 이쯤은 알고 생략하자
여백의 미, 단시(짧은 시) 읽기

시와 산문의 경계쯤은 분별하자

　시는 허구의 문학이다. 때로는 사실을 가미한 문학이기도 하고, 체험적 진실을 가미한 문학이기도 하다. 그렇다 하더라도 사실의 문학도 아니고, 진실의 문학도 아니다. 팩션(faction)이라는 신조어를 이해할 필요가 있다. 팩트(fact, 사실)와 픽션(fiction, 허구)을 합한 말이다. 최근에는 역사 소설뿐만 아니라, 드라마, 영화, 연극 등에서 무한한 상상력을 촉발시키는 원동력을 제공하는 용어이기도 하다.
　2016년 개봉한 허진호 감독의 영화 <덕혜옹주>가 팩션물이다. 원작인 권비영의 소설 『덕혜옹주』(2009)도 마찬가지이다. 이 영화는 원작을 토대로 하여 더 상상력을 가미했다. 실존 인물인 덕혜옹주의 일대기에 영화적 상상력을 덧붙여 새로운 이야기로 탄생시킨 영화라는 말이다. 대동여지도를 완성한 김정호의 일대기에 상상력을 덧붙인 박범신 소설 『고산자』(2009)나 강우석 감독의 영화 <고산자, 대동여지도>(2016)

도 팩션물이다.

시도 때로는 팩션일 수 있다. 역사적 사실의 재생적 상상력을 수렴한 창조적 상상력이 빚은 서사시가 그 예이다. 또한, 개인의 체험적 진실 서사의 재생적 상상력을 수렴한 창조적 상상력이 빚은 시도 팩션일 수 있다. 그렇다고 시가 무한대로 역사 소설처럼 늘 팩션을 받아들일 수는 없다. 수필과 같이 오롯이 진실의 문학일 수도 없고, 일기와 같이 자신만의 진실을 기록한 글일 수도 없다.

수필과 일기에 시라는 이름을 덧붙이고, 시적 의미를 부여하고자 한다면 타당한 일일까? 물론 시보다 더 미려한 문장과 감동을 안겨 주는 수필도 있다. 그러나 산문 정신으로 창작한 진실이 꿈틀거리는 산문의 글인 수필은 수필일 뿐 시일 수는 없다. 일기도 일기일 뿐 시일 수는 없다.

'산문시'와 '일기시(日記詩)'가 존재하지 않느냐고 반문한다면 그 말을 부정할 수는 없다. 하지만 산문시는 수필처럼 사실적 진실만을 말하지 않는다. 시의 본질대로 창조적 상상력이 빚어낸 허구성을 기본으로 한다. 시가 개인의 체험적 진실 서사의 재생적 상상력을 뛰어넘어 창조 상상력을 수렴한 팩션일 수 있다 하더라도, 어디까지나 수필은 수필일 뿐이고 산문시는 산문시일 뿐이다.

'일기시'도 존재하기는 한다. 윤동주의 여러 시를 일러 '일기시'라고 언급한 학자도 있다. '일기와 같은 시', '일기 형식의 시'라는 의미이지 일기가 곧 시라는 등가 성립을 말하는 용어는 아니다. 윤동주의 여러 시편이 일기 형식의 시임은 널리 알려져 있다. 그래서 윤동주의 시 중에는 「서시」와 「참회록」을 비롯해 깊은 감동을 안겨 주는 작품도 있지만, 여러 시편은 아쉬운 점이 많다는 평가를 받는 이유이다.

개인 시집에 지극히 사적인 이야기의 시를 함께 엮기도 한다. 오늘날 그 정도는 개인 작품집이라는 특성상 어느 정도 허용하는 분위기이다. 그러나 인터넷이나 문예지에서 시라는 이름으로 행갈이해 놓은 일기를 간혹 접할 때면 당혹스럽다. 일기를 행갈이해 놓았다고 해서 시일 수는 없다. 지극히 사적인 이야기를 담은 일기가 시의 형식을 빌렸다 하더라도 일기는 일기일 뿐이다.

그 이유는, 문학은 "작가의 상상력에서 생겨난 창조적 작품으로 제한하는 것"[1]이라는 말에 답이 있다. 일기는 사실 그대로 쓰기 때문에 상상력이 필요 없다. 창조적인 작품도 아니다. 일기는 자기의 일과를 진솔하게 기록하고 반성하는 글이지 상상력을 가미하여 허구성을 장치하는 글이 아니다. 허구

---

[1] 김욱동, 『문학이란 무엇인가』, 문예출판사, 2002, 46쪽.

성을 장치하는 그 순간 일기가 아니다.

일기는 지극히 사적이고 주관적인 은밀한 글이다. 살아생전 일기문은 일기장에 고이 닫아 놓아야지 그 은밀함을 열어젖혀 스스로 까발려 세상에 나오게 할 일은 아니다. 이처럼 일기가 시의 자격을 갖추기에는 너무나 많은 한계에 봉착한다.

제1부에서 언급한 바와 같이, 일기에는 넋두리, 피상적 주장, 자기중심적인 사고의 산물 등을 마음대로 표현할 수 있다. 산문시라 하더라도 최소한 '운문적 진술'에 무게를 둬야 한다. '산문적 진술'을 바탕으로 하더라도 '운문적 진술'에 치중하여야 한다.

시인이여, 시인의 전기적인 사실의 이야기들은 시의 본령과 거리가 멀다. 시와 산문의 경계쯤은 분별하자, 나아가 시와 일기의 경계쯤은 알고 쓰자.

모방과 독창성의 경계쯤은 분별하자

한 개인의 재능을 다른 말로 바꿔 말하면 '개성'이다. 시인의 개성을 투영한 시 속에서 또 다른 개성이 살아 꿈틀대기 마련이다. 이 개성은 문학의 필수적 특성이다. 이를 '인격 표현'이라고도 한다. 이 개성의 문학은 앞에서 언급했듯, "작가의 상상력에서 생겨난 창조적 작품으로 제한하는 것"이라는 말과 연관성이 있다. 시인의 상상력은 개성을 창조해내는 힘이다. 이 개성을 달리 말하면 '독창성'이다. 그렇다면 시란 '창조적 상상력과 독창성을 품은 글의 예술'이 맞다.

솔로몬 왕이 '하늘 아래 새로운 것은 없다.'라고 말했다. 이 말은 창조주의 위대함을 찬양한 말이다. 달리 읽어 보면, 천지 만물은 창조주의 피조물이라는 뜻이다. 창작도 피조물의 모방일 수밖에 없다는 말로 읽히기도 한다. 이 말은 표절 의혹이 일어날 때면 '무의식의 작용'이라는 말과 함께 자기 합리화를 위해 약방의 감초처럼 무대 위에 꼭 등장한다. 둘 다 그

역할은 늘 뻘쭘하다.

문학 작품에서 '창조'라는 말이 과연 가능할까? 모든 문학 작품은 아리스토텔레스의 주장처럼 '미메시스'이다. 자연의 모방과 재현이 그 출발점이다. 다시 말하면 '모방' 그 자체가 '창조'인 것이다. 이 세상에는 '재현' 혹은 '재창조'는 존재하지만, '새로운 창조'는 존재하지 않는다는 말과도 상통한다.

문학 작품에서 표절이라는 놈이 박쥐처럼 모호한 경계선에서 서성이고 있는 듯하다. 그 경계는 확연히 구분된다. 《두산백과》에 "표절은 다른 사람의 창작물을 자신의 것으로 도용한다는 점에서 다른 사람의 창작물을 본따서 나름대로 재창조한 모방과는 구별된다."라고 모방과 표절을 분명하게 구별하고 있다. '도용' 여부가 그 경계선을 갈라놓는다.[2]

시뿐만 아니라 모든 예술에서 당연히 모방 혹은 차용이 있을 수 있다. 그 경계를 늘 고민해 봐야 한다. 등단 시인이 습작기에서나 있을 법한 모방 시를 지속해서 발표한다면 시인이라 말할 수 있을까? 창조적 상상력과 독창성이 없는 시인은 허울에 불과하다. 시인이 아니라는 말과 다름없다. 창조적 상상력과 독창성에 대해 스스로 전제하고 논증을 반복하다 보면, 언젠가는 창조적 상상력과 독창성이라는 놈이 불쑥 튀어

---

[2] 신기용, 『출처의 윤리』, 세창미디어, 2015, 18-9쪽 참조.

나올 것이다.

 가령 시의 제목에 널리 알려진 관용구나 대중가요의 제목을 그대로 모방하였다면 문제가 없을까? 차용이라는 이름으로 사용할 수도 있다. 독창적이지 못함이 문제이다. 또한, 기성 작가가 발표한 독창적인 시와 수필의 제목, 나아가 단행본의 제목을 차용해도 모방한 시로 오해받을 소지가 있다. 우연의 일치라 하더라도 독창성이라는 잣대를 들이대면 치명적인 시빗거리가 될 수도 있다.

 독자들은 낡은 시어의 모방과 답습보다는 새로움과 신선함에 도전하는 시적 고투의 산물을 읽고 싶어 한다. 완성도가 미흡하더라도 시적 치열성에서 감동을 얻을 수 있기 때문이다. 예술은 창조적 상상력과 독창성이다.

 시인이여, 모방과 독창성의 경계쯤은 분별하자, 모방한 시는 창작이 아니다. 창조적 상상력과 독창성이 뚜렷하지 않은 시를 함량 미달의 시라고 치부해 버리기도 한다. 이쯤은 알고 쓰자.

시 창작의 지평과 시론

시적 상상력의 암살범 한자 관념어를 사살하라

　시인의 발목을 잡는 적은 무엇일까? 한자 관념어(개념어)를 꼽을 수 있다. '기억, 시간, 인생, 영혼, 욕망, 청춘, 행복' 등과 같은 한자 관념어가 많이 등장한다는 것이 문제이다.

　학제(學制)든 사사(師事)든 정상적으로 시를 수학하면서 오랜 습작기를 보낸 시인이라면 '관념어를 배척하라.' 혹은 '한자어를 타파하라'라는 말을 귀가 따갑도록 들었을 것이다. 만일 관념어를 채택하더라도 창작 수법과 시적 가치를 충분히 고려해서 신중하게 채택해야 한다. 관념어를 채택했다고 무조건 수준 이하의 시라고 단정해서도 안 된다.

　먼 나라 이론가의 말을 끌어올 필요가 없다. 안도현 시인이 『가슴으로도 쓰고 손끝으로도 써라』(한겨레출판, 2009)에서 진부한(낡은) 시어에 대해 비판적으로 강조한 말을 읽어 본다. "당신은 관념적인 한자어가 시에 우아한 품위를 부여한다고 착각하지 마라. 품위는커녕 한자어 어휘 하나가 한 편의 시를 누르는 중압감은 개미의 허리에 돌멩이를 얹는 일과 같다. 신중하고 특별한 어떤 의도 없이 한자 관념어 시어가 시에 들어가 박혀 있으면 그 시는 읽어 보나 마나 낙제 수준이다."(125쪽)라고 강조했다. 이처럼 한자 관념어 배척은 시 창작법에서 가장 기초적인 착안 사항이면서 고려 요소임을 늘 되새겨 볼 필요가 있다.

　한자 관념어의 심각성을 상기하기 위해 안도현 시인의 말을 더 읽어 본다. "시는 이런 진부한 시어의 무게를 감당할 수가 없다. 사유라는 것은 원래 그 속성상 관념적인 것이고 추상적인 법이다. 하지만 관념을 말하기 위해 관념어를 사용하는 것은 언어에 대한 학대 행위다. 관념어는 구체적인 실재를 개념화한 언어이기 때문이다."라고 언급하면서 "관념어는 진부할 뿐 아니라 삶을 왜곡시키고 과장할 수도 있다. 또한, 삶의 알맹이를 찾도록 하는 게 아니라 삶의 껍데기를 어루만지게 한다. 당신의 습작 노트를 수색해 관념어를 색출하라. 그것을 발견하는 즉시 체포하여 처단하라. 암세포 같은 관념어를 죽이지 않으면 시가 병들어 죽는다. 상상력을 옥죄고 언어의 잔칫상이어야 할 시를 난장판으로 만드는 관념어를 척결하지 않고 시를 쓴다네, 하고 떠벌이지 마라."(126쪽)라고 강조했다. 시인이라면 이러한 말들을 뼛속 깊이 새겨 넣어야 함이

합당하다.

  시인이든 아니든 많은 사람이 권위 있게 받아들일 수 있는 안도현 시인의 시 창작법의 일부를 인용했다. 논리학에서 말하는 '권위에의 호소'이다. 평자보다 인지도가 더 있는 시인이다. 더 권위 있게 받아들일 수 있을 것 같아 인용했다. 이를 '권위에의 호소 오류' 혹은 '누구를 가르치려고 드느냐'라고 비아냥거리는 시인이 있다면, 단 한 번이라도 자신의 시적 소양을 의심해 보고, 시를 다층적으로 분석해 볼 필요가 있을 것이다.

  좋은 시는 감동이 깊고, 여운이 길다. 백 명이 읽어도 각기 다른 해석이 나오기 마련이다. 철학은 우주와 자연 현상, 인간과 사회 현상을 개념화하는 반면, 시는 이러한 개념을 감각적 언어와 미적인 언어로 풀어나가야 한다. 철학 용어는 비시적 표현이므로 시적 표현으로 대체하는 것이 바람직하다.

설명하려는 시는 죽은 시다

 설명하려는 시는 죽은 시다. 시의 내용, 주석, 시작 메모를 통해 시를 설명하려고 하는 행위는 신중하게 검토해야 할 문제이다. 조금 강한 표현이기는 하지만, '사족을 달았다면 발표하지 말라'며 강조해 본다.

 산문시의 경우, 이미지 표현과 형상화 그 자체가 설명처럼 읽히는 경우가 허다하다. 산문시의 형태상 혹은 작법 상의 특성이기도 하다.

 에즈라 파운드(Ezra Loomis Pound, 1885~1972)와 함께 현대 영미시의 신시 운동인 이미지즘을 주창한 에이미 로웰(Amy Lowell, 1874~1925)은 산문시를 '다운율 산문(polyphonic prose)'이라는 용어로 말했다. 산문시도 자유시(free verse), 모음운(assonance), 두운(alliteration), 운(rhyme), 반복(return) 등 율격(meter)을 갖추어야 한다는 의미이다. 겉모습은 산문이지만, 시가 갖추어야 할 다양한 음악성, 즉 다성적(多聲的) 창작 수법을 강조한 것이다.

설명하려는 죽은 시

 설명하려는 시는 죽은 시다. 죽은 시를 읽을 필요가 있을까? 죽은 시를 읽고 싶거든 '시의 주검'을 묻어 놓은 '시의 무덤'에서나 파헤쳐 찾아 읽어 볼 일이다.
 "시에 설명을 덧붙일 필요가 있을까? 시인이 시를 설명하려 들면 스스로 작품성을 포기하는 행위가 되고 만다. 이미 발표한 시의 결점을 해명하려 들면 스스로 함량 미달 시인임을 까발리는 짓이 되고 만다. 시는 있는 그대로 두어야 깊은 맛이 난다. 오독의 상상력도 시의 힘이다. 백 사람이 읽으면 백 가지의 해석이 나와야 시다운 시이다. 시라는 놈이 생물과 같은 유기체이기 때문이다."[3]
 흔히 시라는 놈은 유기체와 같은 것이라서 살아서 움직인다고 말한다. 그렇다. 시는 태어날 때부터 강한 생명력을 품고 태어난다. 때로는 순수성과 참여성, 때로는 서정성과 현실성, 때로는 과거 회귀성과 미래 지향성 등을 품고 태어난다.

---

3) 신기용, 평론집 『비평의 수평과 지평』, 정인, 2012, 100쪽.
　─월간 《예술부산》(2012. 3월호)에 제목 '부산 시인의 신작 시 경향', 부제 '주석과 시작 메모 달기'라는 글에서 시에 주석과 시작 메모를 다는 것이 바람직하지 않다는 내용으로 비평을 했다. 평자의 두 번째 평론집『비평의 수평과 지평』(2012)에도 실었음을 밝힌다.

시의 생명력이 독자의 가슴에 들어가서 눈물샘을 자극하기도 하고, 깊은 곳을 헤집고 다니기도 한다. 심지어 머릿속에 숨어들어 오랜 휴면을 취하다가 세월이 지난 뒤 깨어나 뒤통수를 한 방 때리기도 한다.

태어날 때부터 숨이 멎은 시라면 유기체가 될 수 없다. 그건 그냥 죽은 시다. 시의 무덤 속에서나 읽어 볼 수 있는 시이다. 달리 말하면, '미완의 시'는 시작 노트나 파일에서 잠자야 한다. 세상의 빛을 보지 못하게 해야 한다.

사족에 불과한 주석과 설명

"시에 미주를 즐겨 다는 시인은 《표준국어대사전》에 실린 표제어를 주석하기도 하고, 지극히 사적인 사연의 시작 메모를 늘어놓기도 한다. 나아가 시적 대상에 대해 장황하게 아는 체하거나 보충 설명을 하기도 한다. 주석과 시작 메모를 시의 구성 요소로 인식하고 있는 것은 아닐까?"[4]

'그건 아닐 것이다.'라고 생각하면서도 이런 시를 접할 때면 가짜 시인임을 짐작한다. 마치 주석과 시작 메모가 시의 구성 요소인 것처럼 익혀 왔을 것이라는 의심마저 든다. 습작 시기에 누군가로부터 잘못된 영향을 받았을 가능성이 크다. 그렇지 않고서는 있을 수 없는 일이다.

주석은 가급적 달지 않아야 한다. 주석을 다는 순간 시가 아닌 설명조 산문으로 전락한다. 이를 부제로 함축하여 녹여 넣는 방법도 있다. 과거 유명 시인들이 즐겨 채택한 수법이다.

---

4) 위의 책, 100쪽.

시의 완성도를 떨어트린 시작 메모와 주석

"독자는 시인의 사적인 일을 알려고 시를 읽는 것이 아니다. 물론, 과거 노산 이은상과 가람 이병기가 시조에 자유시처럼 시작 메모와 날짜를 달기도 했으나 바람직한 일은 아니었다."5)

아직도 이를 답습하는 시인들이 있긴 있다. 특히 시집 해설을 청탁받을 때 간혹 그런 시집 초안과 조우하기도 한다. 일기 형식의 시에서 이해할 수 있는 부분도 있다. 하지만 잘못된 것을 답습하는 것은 바람직하지 않다. 교정이라는 명목 아래 삭제해 본 경험도 있다. 끝까지 고집하는 시인도 있다. 시를 설명하고자 하는 시인이 소수이긴 하나 존재한다는 것을 강조해 본다.

시인은 주석에 대해 부정적으로 받아들일 필요가 있다. 필자가 대학생 때 더 강하게 '사족을 달려거든 쓰지 마라.'라고 표현하는 교수도 봤다. 그만큼 시인들이 머릿속 깊숙이 각인해야 할 문제이다.

---

5) 위의 책, 101-102쪽.

과다한 줄임표도 사족이다

 과다하게 줄임표를 장치한 시를 독자의 시선으로 읽어 보면, 사족을 단 것처럼 읽힌다. 즉, 설명하려고 단 사족과 별반 차이가 없다는 말이다. 반복적인 과잉 장치 그 자체가 시 전체의 흐름을 끊거나 시의 의미를 전도해 버리기도 한다. 그래서 사족이다.
 이상(李箱)의 시처럼 다다이즘이나 초현실주의(쉬르레알리슴)를 추종하는 시인들은 시에 문장 부호 혹은 각종 기호를 활용해 다층적인 의미를 부여하기도 한다. 다다이즘이나 초현실주의를 추종하지 않는다면 줄임표를 과도하게 장치할 필요가 없다. 순수시에서 이런 과잉 장치는 지양해야 할 문제이다.

 줄임표가 꼭 필요하다면 한 번 정도는 장치할 수 있겠지만, 과잉 장치하면 시의 의미마저 애매해진다. 흐름을 상실한다는 말이기도 하다. 이를 제거해 보면, 오히려 더 좋은 시로 읽힌다. 고민해야 할 문제이다.

시적 허용과 시인의 의도

　시에서 언어와 문법의 변형을 허용한다. 이를 '시적 허용'(Poetic licence)[6] 혹은 '시적 자유', '시적 파격'이라고도 한다. 오자를 비롯한 문법 오류가 명백한 미완의 시를 놓고 시적 허용이라고 억지 주장하는 시인을 본 적 있다. 이는 미숙한 시적 역량을 감춰 보려는 방어 기제 작동이라고 말할 수 있다. 시적 허용이 시의 미학적 완성도를 제대로 갖춰야만 성립 가능한 이론임을 모르는 시인이 뜻밖에 많다는 뜻이기도 하다.

　시에서 구두점(마침표와 쉼표)을 비롯한 문장 부호 생략도 허용한다. 이것도 문법 변형이므로 광의의 '시적 허용'의 범주에

---

[6] 드라이든(Dryden)은 시적 허용을 '모든 시대를 통하여 시인들이 스스로 가지고 있다고 생각하는 엄격한 산문으로서는 표현할 수 없는 것을 운문으로서는 말할 수 있는 자유'라고 정의했다. [네이버 지식백과], 『문학비평용어사전』 참조. 장영규 외, 『문학용어해설집』, 대구대학교출판부, 1985, 233쪽 참조.

속한다고 말할 수 있다.

당연히 생략할 수도 있다. 한국 현대시에서 보편적인 현상이라 유별난 일도 아니다. 이들 시 가운데 구두점을 제대로 이해하지 못한 상태에서 생략한 듯 읽히는 시가 많다. 즉, 시어와 운율의 완성도가 낮아 들숨 날숨의 숨 고르기 혹은 호흡 조절이 불안정한 시가 있다는 말이다.

인터넷 구석구석에 '시에 마침표를 찍으면 무식하다. 무조건 생략하라.'는 말이 떠돌아다닌다. 그 말 자체가 무식한 것인지도 모르고 이를 받아들이거나 답습하는 시인이 뜻밖에 많이 있는 듯하다. 시에서 구두점 하나하나마다 의미가 담겨 있음을 부정할 사람은 없을 것이다. 구두점을 철저하게 찍든 생략하든 그것은 시인의 의도에 의해서 결정할 문제이다. 구두점은 시인의 철저한 의도적인 장치이기 때문이다.

구두점을 생략하였지만, 완성도 높은 시도 있다. 이런 경우 구두점에 상응하는 시적 장치를 할 줄 아는 시인이다. 아무런 대체 장치도 없이 무조건 생략한 시는 함량 미달일 수밖에 없다. 시인이라면 함량 미달의 시는 발표하지 않는 것이 좋다.

문장 부호의 시적 의미

　프랑스 작가 빅토르 위고의 그 유명한 물음표와 느낌표의 일화가 있다. 빅토르 위고가 『레미제라블』을 출판한 후, 독자들의 반응이 궁금해서 출판사에 '?'만 표기한 편지를 보냈다. 출판사 발행인은 '!'만 표기하여 답장을 보냈다. 전자의 '?'는 사람이 뭔가를 골똘히 생각하는 모습을 형상화한 물음표이다. 후자의 '!'는 느낌표이지만, 놀라서 펄쩍 뛸 정도의 반응이라는 뜻으로 답했다는 일화이다. 이 일화는 문장 부호만으로도 의사소통할 수 있음을 대변하고 있다.

?

!

구두점의 시적 의미

　시는 글의 예술이다. '한글 맞춤법'은 약속이다. 이와 더불어 '문장 부호 표기'도 약속이다. 일부 문장 부호(쉼표, 마침표, 물음표, 느낌표, 쌍점 등)의 경우 '만국 음성 부호'처럼 만국에서 통용한다. 국제적으로 통용하는 대부분의 언어7)에서 공통적으로 채택하고 있기 때문이다.

　시에서 구두점은 행과 연을 구분하는 것과 깊은 관련이 있다. 시를 읽을 때 시어(글)만 읽는 것이 아니다. 구두점, 행간, 여백도 읽는다. 리듬, 이미지, 의미도 읽는다. 나아가 호흡도 읽는다.

　김춘수 시인은 행과 연을 리듬·이미지·의미의 단락으로 나눈다고 설명했다. 이에 흔히 호흡 단락을 추가하여 말하기도 한다. 이 호흡 단락이 구두점과 가장 밀접한 관련이 있다. 시를 낭독해 보면 호흡과 구두점의 긴밀함을 알 수 있다. 그래서 김춘수 시인은 구두점을 철저히 찍은 듯하다. 모더니스트

---

7) 일본어는 쉼표(독점)와 마침표(구점)를 채택하고 있으나, 물음표와 느낌표는 사용하지 않는다. 스페인어의 느낌표와 물음표는 감탄문 시작에서 거꾸로 선 역느낌표, 의문문 시작에서 거꾸로 선 역물음표를 사용한다.

김수영 시인도 구두점을 철저히 찍었다. 간혹 생략하더라도 마지막 마침표만은 철저히 찍은 시인으로 유명하다. 이 두 분은 시인이면서 이론가였다. 왜 구두점을 철저히 찍었을까? 한 번쯤 깊이 생각해 볼 일이다.

옛 한글은 줄글이었다. 즉, 띄어쓰기가 없었다. 문장 부호도 오늘날 '마침표'와 같은 '온점', '쉼표'와 같은 '반점'만을 사용하였다. 중요한 것은 구두점을 철저하게 찍었다는 점이다. 줄글이었던 옛시조도 '온점'만은 철저하게 찍었음을 『청구영언』을 통해 알 수 있다.

《표준국어대사전》에 문장 부호란 "문장의 뜻을 돕거나 문장을 구별하여 읽고 이해하기 쉽도록 하기 위하여 쓰는 여러 가지 부호"라고 정의하고 있다. '한글 맞춤법' 부록에서는 "문장 부호는 글에서 문장의 구조를 드러내거나 글쓴이의 의도를 전달하기 위하여 사용하는 부호이다."라고 기술하고 있다. 즉, 문장 부호를 통해 문장의 구조와 글쓴이의 의도를 알 수 있다는 말이다. 역설적으로 글을 쓰는 사람은 이를 의도하면서 써야 한다는 말이기도 하다.

마침표의 쓰임은 4가지로 구분한다. 이 글에서 예문은 생략한다. 한국어 어문 규정 '한글 맞춤법' 부록에 수록한 문장 부호 마침표의 쓰임을 제목 위주로 살펴본다.

① 서술, 명령, 청유 등을 나타내는 문장의 끝에 쓴다.
② 아라비아 숫자만으로 연월일을 표시할 때 쓴다.
③ 특정한 의미가 있는 날을 표시할 때 월과 일을 나타내는 아라비아 숫자 사이에 쓴다.
④ 장, 절, 항 등을 표시하는 문자나 숫자 다음에 쓴다.

마침표의 쓰임을 4가지로 구분하고 있으나, 첫 번째 쓰임으로 "서술, 명령, 청유 등을 나타내는 문장의 끝에 쓴다."라고 명시하고 있다. 이에 주목해 본다. 시에서 마침표는 단순하게 "서술, 명령, 청유 등을 나타내는 문장의 끝에"서 호흡의 종지만을 의미하지 않는다. 행갈이처럼 리듬·이미지·의미 단락의 단절, 혹은 종지를 의미한다. 시인이 의도하는 리듬·이미지·의미 단락의 종결과 강조이기도 하다.

쉼표의 쓰임은 15가지로 구분하고 있으나, 이 글에서 구체적인 나열은 생략한다. 시에서 쉼표는 단지 휴지만을 의미하는 것이 아니다. 시 읽기의 들숨 날숨의 숨 고르기 혹은 호흡 조절을 위한 장치이기도 하지만, 시인이 의도하는 리듬·이미지·의미 단락의 분절과 강조이기도 하다.

제2부 시 창작 기법

쉼표의 쓰임

시를 창작할 때 문장 부호를 무조건 생략하라고 배웠다면 엉터리다. 이를 여러 지면을 통해 강조해 왔다. 문장 부호 자체가 의미를 지니고 있다. 시를 창작할 때 문장 부호의 의미를 확장해 나가야 한다. 이를 생략한다면 그에 상응한 시적 장치가 필요하다. 리듬, 의미, 이미지, 호흡 단위의 행갈이와 시어 배열 등 탁월한 창작 기교를 수반해야 한다.

쉼표의 쓰임은 15가지로 구분한다. 이 글에서 예문은 생략한다. 한국어 어문 규정 '한글 맞춤법' 부록에 수록한 문장 부호 쉼표의 쓰임을 제목 위주로 살펴본다.

① 같은 자격의 어구를 열거할 때 그 사이에 쓴다.
② 짝을 지어 구별할 때 쓴다.
③ 이웃하는 수를 개략적으로 나타낼 때 쓴다.
④ 열거의 순서를 나타내는 어구 다음에 쓴다.
⑤ 문장의 연결 관계를 분명히 하고자 할 때 절과 절 사이에 쓴다.
⑥ 같은 말이 되풀이되는 것을 피하기 위하여 일정한 부분을 줄여서 열거할 때 쓴다.

⑦ 부르거나 대답하는 말 뒤에 쓴다.

⑧ 한 문장 안에서 앞말을 '곧', '다시 말해' 등과 같은 어구로 다시 설명할 때 앞말 다음에 쓴다.

⑨ 문장 앞부분에서 조사 없이 쓰인 제시어나 주제어의 뒤에 쓴다.

⑩ 한 문장에 같은 의미의 어구가 반복될 때 앞에 오는 어구 다음에 쓴다.

⑪ 도치문에서 도치된 어구들 사이에 쓴다.

⑫ 바로 다음 말과 직접적인 관계에 있지 않음을 나타낼 때 쓴다.

⑬ 문장 중간에 끼어든 어구의 앞뒤에 쓴다.

⑭ 특별한 효과를 위해 끊어 읽는 곳을 나타낼 때 쓴다.

⑮ 짧게 더듬는 말을 표시할 때 쓴다.

쉼표의 쓰임은 다양하다. 즉, 쉼표가 함의하고 있는 의미는 다양하다. 시 창작도 글쓰기이다. 쉼표를 무조건 생략할 성질이 아니다. 이를 적확하게 써야 시의 표층적 의미, 심층적 의미, 다층적 의미를 확장해 나갈 수 있다. 무조건 쉼표를 생략한 시는 엉터리일 확률이 높다.

제2부 시 창작 기법

구두점 생략의 역사, 이쯤은 알고 생략하자

프랑스의 기욤 아폴리네르(1880~1918)를 비롯한 입체파 시인들은 미술에서의 아방가르드 운동을 시에도 실험했다. 입체파 시인 중에 아폴리네르가 가장 선구자적 역할을 했다. 그 당시에는 정형을 깨고, '구두점을 생략'한 것 자체가 파격적이었다. 그래서 그의 시를 오늘날에도 '파괴의 시학'이라고 평가한다. 그의 시 「비가 내린다」가 대표적인 예이다. 세로쓰기 사선으로 글자를 배열하여 비가 내리는 것처럼 형상화한 회화성의 시각시(視覺詩)이다.

또한, 1916년 스위스의 취리히에서 탄생한 다다이즘에 주목해 본다. 다다이스트들은 아무 뜻도 지니지 않는 시를 통해 기존의 규칙들을 파괴했다. 비논리적으로 연결하는 문장을 구사하고 아무런 연관이 없는 단어나 사물들을 시 속에 병치하기도 했다. 우리나라에서는 1930년대 이상(李箱)의 시가 그 효시이다. 시의 문법이나 형식을 파괴하고, 언어 대신 숫자나 여러 기호를 시에 끌어들였다. 시에서 '띄어쓰기 무시'와 '구두점 무시'는 이상의 시에서 최초로 등장하였다는 표현들을 한다. 그러나 '구두점 무시'가 아닌 '구두점 생략'이라는 측면에서 보면, 이미 한용운의 시집 『님의 침묵』(1926)에서 시작하였다.

한국 현대시의 초기 시집 중에 철저하게 구두점을 찍은 시집을 예를 들면, 김소월의 『진달래꽃』(1925), 최남선의 『백팔번뇌』(1926), 안확의 『시조시학』(1940), 윤동주의 『하늘과 바람과 별과 시』(1955) 등이다. 구두점을 생략한 시집을 예를 들면, 한용운의 『님의 침묵』(1926), 김영랑의 『영랑시집』(1935), 백석의 『사슴』(1936), 이육사의 『육사시집』(1946) 등이다.

시인 이상의 영향으로 1960년대 후반 이후 삽입구나 도표, 숫자나 기호 등을 시 본문에 장치하더라도 '낯설게 하기' 정도로 해석하고 별 거부감 없이 받아들여졌다. 이처럼 구두점 생략은 한국 현대시의 보편적 현상으로 자리 잡았다.

언어 변형을 포함한 구두점 생략 등 시적 허용은 무한한 것일까? 광대무변한 시의 속성상 무한한 것일 수도 있다. 하지만 다다이스트나 포스트 모더니스트가 아니라면 그 한계와 경계를 고민해 볼 필요가 있다. 특히 구두점 생략이 한국 현대시의 보편적인 현상이라 하더라도 구두점의 의미를 고민하면서 창작할 필요가 있을 것이다. 구두점이 시어, 행간, 여백 등과 함께 시 본문의 구성 요소라고 강조해도 무방할 것이다. 구두점이 문장의 구성 요소이기 때문이다. 이를 생략할 때는 고민이 필요하다는 말이다.

《네이버 지식백과》의 『문학비평용어사전』에 "시적 허용은 특별한 미적 성과가 기대될 때 이루어지는 것으로, 작가의 미숙이나 기교상의 무능력을 변명해 줄 수 있는 것은 아니다."라고 명확하게 기술하고 있다. 시의 미적 완성도라는 전제 조건을 충족한 뒤에 시적 허용도 가능한 일이다.

앞에서 언급한 바와 같이 '시에 마침표를 찍으면 무식하다. 무조건 생략하라.'는 그 말 자체가 무식한 것임을 늘 상기해야 할 것이다. 구두점을 찍든 생략하든 그것은 시인의 창작 의도대로 결정해야 한다. 시인의 철저한 의도적인 장치이어야 함에도 몰라서 생략하는 일은 더는 없기를 바랄 뿐이다.

시인이여, 시적 완성도를 향해 끊임없는 고투의 길을 걸어가자. 그 고투의 흔적을 후배 시인들이 밟게 될 것이다.

여백의 미, 단시(짧은 시) 읽기

　짧은 시의 분량 경계선은 불명확하다. 5행 내외라고 주장하는 이가 있다. 대체로 10행 미만을 경계로 삼는다. 짧은 산문시의 경우, 5문장 내외라고 주장하는 이도 있다. 대체로 10문장 미만을 경계로 삼는 것이 타당할 것이다.

　한국 현대시의 단시는 1920년대 1행시(한 줄 시)를 시도한 진주의 시인 김병호(金炳昊)의 1행시를 출발점으로 잡아야 할 것이다. 그는 1928년 《조선일보》에 1행시를 3차에 거쳐 발표하였으나, 단시 운동으로 확산되지 못하고 단발적인 실험에 머물고 말았다.

　우리나라 단시는 김병호 시인의 1행시 시도 이후, '1행시의 모습'은 현재 성찬경 시인의 밀핵시, 일자일행시를 거쳐 일자시(순수절대시)에 도달하였다.

제2부 시 창작 기법

김기림의 단시(짧은 시) 읽기

1920년대 "일본의 단시 운동은 산문시 운동과 결부되어 있었다. 이 산문시 운동은 또한 사상주의(寫像主義)적인 면과 결부되어 있었다. 이미지가 순수성을 유지하려면 단형(短型)의 시어야 한다는 것이다, 흄의 시가 그 좋은 예다. 또한 시각적인 것이기 때문에 언어의 음의 요소를 되도록 배제해야 한다는 것이다. 단시 운동이 곧 산문시 운동과 동의어가 된 까닭이 여기에 있다. 김기림의 단시가 이런 데서 영향되었는지 어쩐지 하는 데 대하여는 그 자신은 물론 아무도 언급한 사람이 없기 때문에 말하기 곤란하나, 암암의 어떤 암시는 있었던 것이 아닌가 추측해 본다. 다른 시에서보다 단시에서 김기림은 훨씬 사상주의(寫像主義)에 접근하고 있기 때문이다. 일본의 단시는 대개 1행뿐인데, 김기림의 그것은 1행뿐인 것은 없다."8)

김기림의 단시(3~6행) 시도 이후, '1행 이상의 단시의 모습'은 시인이라면 너나 할 것 없이 창작을 시도한다. 이 글에서는 1행 이상의 시, 대중적으로 널리 알려진 단시 위주로 읽어

---

8) 김춘수, 『한국현대시형태론』, 해동문화사, 1958, 81-82쪽.

보려 한다. 이들 단시와 여백의 조화로움이 우리에게 던져 주는 긴 여운과 감동을 함께 나누어 봄이 좋겠다.

>   대합실은 언제든지 튜우맆처럼 밝구나
>   누구나 거기서는 깃발처럼
>   출발의 희망을 가지고 있다.
>
>   - 김기림, 「대합실」 전문

1행은 매우 암시적인 표현이다. 2행의 "누구나 거기서는 깃발처럼"은 3행의 "출발의 희망을 가지고 있다"를 수식하는 역할만 한다. 이것만으로도 이 시에서 이미지의 시간적 흐름이 없다는 것을 알 수 있다. 그래서 "대합실은 언제든지 튜우맆처럼 밝구나"라고 1행만으로 종결하였다면 오히려 이 단시가 더 생명력을 얻었을 것이다. 3행 모두 시간적 이동이 없고, 지나칠 정도로 정적인 이미지라서 시라는 자격을 부여하기에는 뭔가 찜찜한 느낌을 지울 수 없다. 김춘수는 『한국 현대시 형태론』에서 이 시에서 뭔가 부족한 이유를 "기지가 대신하고 있기 때문이다."[9]라고 하였다.

---

9) 위의 책, 83쪽.

오후 두 시……
머언 바다의 잔디밭에서
바람은 갑자기 잠을 깨어서는
휘바람을 불며 불며
검은 호수의 떼를 몰아 가지고
항구로 돌아옵니다.

– 김기림, 「호수」 전문

  이 단시의 분행은 장면의 전환을 환기시키기 위한 것일 뿐, 이미지와 리듬 단위와는 별 상관이 없는 듯하다. 산문의 글을 장면 단위로 행 구분을 해 놓은 것에 불과하다. 이 단시에서 '호수'와 '항구'라는 공간에 보이지는 않지만, 이동하는 '바람'이라는 자연을 '머언 바다'에서 '검은 호수'로, '검은 호수'에서 '항구'로 이동시켜 놓았다. 이미지의 시간적 흐름을 만들어 놓은 것이다. 이것 때문에 이 시가 겨우 시의 자격을 얻었다.

  김기림의 단시는 응축 미(美)가 없고, 설명적인 산문이다. 실험적인 모습을 갖추고 있어 완성도 면에서는 부족함이 많다. 하지만, 그가 단시의 길을 열어 놓은 것만으로도 그의 업적이 크다 할 것이다.

고은의 단시(짧은 시) 읽기

　백담사 입구에 고은 시인의 시비가 있다. 봉정암이나 대청봉을 오르내린 경험이 있는 사람이라면 산의 경관과 포근함에 감탄하지 않는 사람이 없다. 하산하여 백담사 앞에 이르러 시비에 새겨진 짧은 시 한 편을 읽고 나면 시를 잘 알지 못하는 사람이라도 다시 한번 감탄한다. 물론 시를 사랑하는 사람 역시 이 시의 위대함을 느낄 수 있다.

　　　내려갈 때 보았네
　　　올라갈 때 못 본
　　　그 꽃

　　　　　- 고은, 「그 꽃」 전문

　이 시비에는 제목이 없다. 고은 시인의 이름과 함께 15자의 단시가 새겨져 있다. 시인은 제목 없는 단문 두 문장을 3행으로 분행하여 배열해 놓았다. 좋은 시라고 하면 '오래도록 머릿속에 남는 시'이고, 위대한 시라 하면 '가슴속에 새겨지는 시'

제2부 시 창작 기법

가 아닐까.

이 시비 앞에 서면 시인의 삶에 대한 철학적 치열성과 시의 가치를 알 수 있다. 산의 오름은 젊음, 내림은 늙음을 상징한다. 앞만 보고 허겁지겁 살아온 철없던 젊은 시절에는 이기적인 마음이 가득하여 세상의 아름다움과 조화로움이 눈에 들어오지 않았지만, 산전수전 다 겪고 사그라져 가는 노년에 접어들면 삶에 대한 너그러운 마음이 열리고 세상의 아름다움과 조화로움을 발견해 내는 눈을 갖게 된다는 의미를 내포하고 있다. 독자의 가슴속에 세상을 보는 새로운 눈을 달아 주는 주술 같은 신선한 충격을 안겨 주는 시이다.

소설가 서해성은 《한겨레 신문》(2010.10.15일자, 29면)에서 "학생들이 이 시를 뭐냐고 물어오면 '발견하지 못한 걸 발견케 하는 치열한 비약'이라고 말하곤 한다."라고 했다. 짧지만, 사람의 눈과 마음을 통해 숨어 있던 세상을 재발견하게 하는 깨달음을 주는 시임이 분명하다. 그리고 이 신문에서 "내려갈 때 / 보았네 / 올라갈 때 / 못 본 / 그 / 꽃"(「꽃」)이라고 6행으로 분행하여 설명하면서 제목을 「꽃」이라 표기하였다.

문학평론가 김재홍(경희대 교수)은 「현대시에서 꽃의 의미」라는 글에서 "내려갈 때 / 보았네 // 올라갈 때 / 못 본 / 그 꽃"(「그 꽃」)이라고 2연 5행으로 분행하여 설명하고 있다. 이 글을 바탕으로 제1회 전국문학인 꽃축제(통도사 서운암, 2011.5.14.)의 강연에서 "고은 시인이 시 제목을 붙이지 않은 상태에서 보내왔는데 제목을 「그 꽃」이라고 달아서 다시 보내드렸다."라고 설명을 덧붙였다. 이를 유추해 보면 창작 후 일정 기간은 물론 시비에 새겨 넣을 때만 해도 제목이 없는 상태였음을 추측할 수 있다.

분명한 것은 이 시만큼은 제목이 없는 상태가 더 많은 여운과 감동을 불러일으킨다는 것이다. 「그 꽃」이라는 제목이 오히려 이 시 속에 헤아릴 수 없이 많이 숨어 있는 상징과 의미에 대한 시적 상상력을 발휘하는 데 장애가 되고 있다. 제목의 가치성과 효용성 때문에 독자의 상상력은 알게 모르게 '꽃'의 상징성과 의미성에만 집착하는 경향을 보인다. 다시 말해 독자는 제목 때문에 '삶을 표상하는 꽃' 또는 '꽃은 삶의 표상'이라는 한정된 상징성만을 읽을 수밖에 없고, 꽃에 집착하다 보면 '올라가다, 내려오다, 보다'라는 동사에 숨어 있는 시적 의미와 가치를 간과할 수도 있을 것이다. 만일 제목을 '삶' 또는 '인생'이라고 붙였다면 너무 재미없는 시가 되었을 것이다. 이처럼 시에서 제목이 차지하는 비중은 너무나 크다 할 것이다. 특히, 단시에서는 이루 말할 수 없이 중요한 것이다.

어쩌면 이 시에서 '그 꽃'은 '화려한 죽음'을 암시한 것일 수도 있다. 혈기 왕성할 때는 죽음이 두렵지만, 늙고 힘이 없어지면 죽음이라는 것을 자연스럽게 받아들여지고 화려한 죽음을 맞이하려고 하루하루 최선을 다해 가며 산다. 그러나 바로 '그 꽃'이라는 제목 때문에 이러한 상상력은 고개를 들다 말고 시들어 버리고 만다.

이 시를 시간의 순서에 따라 배열한다면 1행이 아래와 같이 3행의 자리에 위치할 것이다.

    올라갈 때 못 본
    그 꽃
    내려갈 때 보았네

만일 이렇게 배열하였다면 시적 가치가 감소하고 말았을 것이다. 그래서 이 단시를 통해 고은 시인의 천재성을 엿볼 수 있다.

고은 시인은 《한겨레 신문》(2010.10.15일자, 29면) 인터뷰에서 또 단시 하나를 소개했다. "노를 젓다가 노를 놓쳐 버렸다. 비로소 큰 세상을 보았다."라는 시이다. 그는 이 시를 "거룻배를 젓다가 노를 놓쳐 버리면 사고무친이여. 문득 둘러봐. 거기 더 큰 세상이 있지. 그거 괜찮아"라며 설명을 덧붙였다.

이처럼 그는 단시를 많이 발표하였다. 『고은 전집 2, 대륙』 (청하, 1988)에 1970년에 발표한 단시집 『여수(旅愁)』, 『고은 전집 5, 서정시집 I』(청하, 1991)에 1986년 발표한 단시집 『가야 할 사람』이 엮어져 있다. 「꽃」이라는 제목의 고은의 단시가 또 있다.

꽃이여 너 이 세상을 도울 수 있는 힘이여
- 「꽃」 전문

꽃의 힘은 대단하다. 꽃은 향기를 뿜어내어 벌 나비를 불러들이고, 열매를 맺어 대를 잇게 하는 힘을 지녔다. 나아가 사람들에게는 사랑을 이루게 하고, 화난 사람을 웃게 하고, 병난 사람을 일으켜 세우는 놀라운 힘을 지니고 있다. 시인은 이 시에서 꽃이 이 세상을 도울 수 있는 힘을 지니고 있음을 노래하고 있다. 이 시를 읽고 난 후, 꽃을 바라보면 마치 그 꽃이 마법을 부릴 것만 같아 보이는 것은 왜일까.

그는 시집 『가야 할 사람』(1986) 서문에서 "이 시들은 내 형식의 무애가 만든 것이다. 시가 짧을수록 숨길 수 없다. 실패도 행운도. // 한마디 더. 이 시 55편은 갑자기 쏟아진 것이라고 해야 옳다. 사나흘 동안이었다. 비가 내내 왔다.(1986년 여름)"라며 짧은 시의 즉흥성을 인정하고 있다.

『가야 할 사람』의 표제시 「가야 할 사람」을 비롯하여 이 시집에 수록한 고은 시인의 짧은 시를 몇 편 더 감상해 보면, 풍자성도 내포해 있음을 알 수 있다.

가고 있다
가고 있다
가야 할 사람이 가고 있다
섭섭하게
여기까지는 참 좋다

- 「가야 할 사람」 전문

공장은 옷감을 만든다
그러나 10년 만에 한 번은 역사를 만든다
총 없이!

- 「구로동」 전문

결국 자유는 저녁하늘이렷다

- 「제비」 전문

병든 아우야 내년의 단풍 보고 죽어라

- 「내장산」 전문

시대적 비극과 혁명성을 표현한 「구로동」, 자유와 강남의 제비를 대응시킨 「제비」, 지극히 사적인 외침인 「내장산」 등 다양성을 읽을 수 있다. 특히, 시적 치열성에 가치를 둔 단시 한 편을 더 읽어 보려 한다.

아이들 입에 밥 들어가는 것 극락이구나
- 「아버지」 전문

우리 부모 세대는 못 먹고, 못 입고, 못 배웠어도, 자식만큼은 잘 먹이고, 잘 입히고, 잘 가르치고 싶어 했다. 제대로 먹이지 못해 자식을 친척 집으로 보내거나 남의 집에 머슴으로 보내어 입을 하나 덜기도 하였다. 생이별하지 않고 함께 살 수만 있어도 행복했던 시절이 있었다. 아이들을 굶기지 않는 것만으로도 행복이라 여겨 왔다.

시인은 더 나아가 입에 밥이 들어가는 것만으로도 극락이라 여긴다. 이 시의 아버지는 참으로 책임감이 강하다. 힘이 들더라도 생이별하지 않고 함께 살면서 밥벌이해 오고, 스스로 극락이라 여기고 있어 더욱 행복해 보인다.

제2부 시 창작 기법

안도현의 단시(짧은 시) 읽기

'국민 시'라고 말할 수 있는 단시가 있다. 안도현의 「너에게 묻는다」라는 시는 글을 아는 사람이라면 알고 있을 정도로 국민으로부터 사랑받는 시이다. 여러 사람의 책과 교과서에 실려 널리 알려졌음은 물론 짧으면서도 가슴에 새겨지는 시이기 때문이다.

> 연탄재를 함부로 발로 차지 마라
> 너는
> 누구에게 한 번이라도 따뜻한 사람이었느냐
>
>   - 안도현, 「너에게 묻는다」 전문

시를 가슴에 새긴다는 것은 형이상적 사상이나 철학이 있기 때문이다. 따뜻한 마음 참 바람직한 삶이다. 이 짧은 시가 사람들의 가슴을 따뜻하게 만드는 데 기여하기도 했다. 기부와 봉사 활동을 하는 사람들, 한 번이라도 따뜻한 사람이 되려는 사람들에게는 강령과 같은 시이기도 하다. 우리의 기부

문화와 봉사 활동의 근저에는 이 시가 자리하고 있음을 누가 부인하리오.

안도현의 시집 『그리운 여우』(창비, 1997)에 수록한 단시 2편을 더 읽어 본다.

    삼겹살에 소주 한잔 없다면
    어, 이것마저 없다면

                    - 안도현, 「퇴근길」 전문

    밤에, 전라선을 타보지 않은 者하고는
    인생을 논하지 말라

                    - 안도현, 「인생」 전문

「퇴근길」은 대한민국 직장인이라면 누구나 공감하는 정서를 간직한 시이다. 직장인에게는 퇴근길 소주 한잔이 세상사는 낙이요, 활력소이다. 소주 한잔 기울이면서 여우와 토끼 자랑 풀어놓고, 상사를 안주 삼아 스트레스를 풀고, 군대 생활을 뻥튀기하고, 심지어 나라 걱정과 세계의 평화를 논하기도 하는 그런 술자리는 평범한 사람의 일상적 정서이다.

반면에 「인생」은 난해하다. '사적 상징' 때문이다. 지극히 주관적인 외침이라서 도무지 무엇 때문에 "밤에, 전라선을 타

보지 않은 者하고는 / 인생을 논하지 말라"는 걸까? 전라선 야간열차를 수많은 사람이 타고 다니고, 타 본 경험이 있기 때문에 '인생'과 결부하여 이해하기란 여간 쉬운 일이 아니다. 물론 정치적 대립에 의한 지역감정과 시대적 암울함이 녹아 있는 것은 짐작으로만 알 수 있는 것이다. 가령 "귀신을 보지 않은 자하고 인생을 논하지 말라."라고 한다면 종교적이든 일상적이든 귀신이라는 객관적 대상이 명확하고, 고단위 영적 수준을 지니지 않은 사람은 귀신을 볼 수 없을 뿐만 아니라, 귀신을 본 경험이 있는 사람은 매우 드물기 때문에 수긍이 가는 문구이다. 그러나 시 「인생」은 시인의 부연 설명 없이는 이해할 수 없다. 그렇다고 시인이 부연 설명을 할 필요는 없다. 백 명이면 백 가지, 만 명이면 만 가지의 해석이 가능한 것이 시이기 때문이다.

백석의 단시(짧은 시) 읽기

백석은 「山비」, 「노루」 등 3행의 짧은 시를 몇 편 남겼다.

 山뽕잎에 빗방울이 친다
 멧비둘기가 난다
 나무등걸에서 자벌레가 고개를 들었다 멧비둘기켠을 본다.

           – 백석, 「山비」 전문[10]

「山비」는 산뽕잎에 소나기 빗방울이 내리치는 소리에 모이를 쪼고 있던 멧비둘기가 놀라 기겁하고 후다닥 어디론가 날아간다. 그때 자벌레가 고개를 들고 멧비둘기가 날아가는 모습을 바라본다. 죽음에서 벗어난 뒤 안도의 몸짓을 하는 듯하다. 이 시에서 약육강식이라는 관념이 담겨 있다.

---

10) 신경림, 『신경림의 시인의 찾아서』, 우리교육, 1998, 261쪽.

풍경을 담은 이미지즘 시를 한 편 더 소개한다.

山골에서는 집터를 츠고 달궤를 닦고
보름달 아래서 노루고기를 먹었다

— 백석,「노루」전문

이 시는 '먹었다'라는 동사가 과거형이다. 옛 산골에서의 생활 중 '집터를 치고' '달궤를 닦고', '노루고기 먹은 것'을 회상하는 아주 단편적인 이야기이다. 공간은 산골, 시간은 보름달이 뜬 밤이다.

신경림은 『신경림의 시인을 찾아서』(우리교육, 1998)에서 이 시의 분위기를 "웬만한 독자면 다 이 시에서 '어허야 달구' 하는 달구질 소리, 노루고기와 술에 취한 장정들이 시끌벅적 떠드는 소리, 아낙네들의 수다까지 들을 수 있을 것이다."11)라고 했다. 이 분위기는 현대의 도시 젊은이들이 알 수 없을 것이라 짐작이 된다. 옛 산골 마을의 풍속도이다.

---

11) 위의 책, 261쪽.

권태웅과 신현득의 짧은 동시 읽기

동시에도 단시가 많다. 동심이 가득 담긴 동시를 읽어 본다.

자주꽃 핀 건 자주 감자
파 보나 마나 자주 감자

하얀 꽃 핀 건 하얀 감자
파 보나 마나 하얀 감자

− 권태웅,「감자꽃」전문

이 4행의 짧은 시에서 동심을 느낄 수 있다. 보이는 것(꽃)과 보이지 않는 것(감자)에 대한 대립, 자주 감자와 하얀 감자와의 대립을 통해 사물의 관찰과 발견을 노래한 것이다. 물론 우리 민족의 동질성과 일본인과의 대립에 대한 은유적 표현이기도 하다.

> 빠끔빠끔
> 문구멍이
> 높아간다.
>
> 아가 키가
> 큰다.
>
> — 신현득, 「문구멍」 전문

이 5행의 짧은 동시는 아동문학가 신현득의 조선일보 신춘문예(1959) 가작 입선 작품이다. 응모할 때 '상주국민학교 신현득'이라고 썼기 때문에 심사 위원들이 학생이 쓴 시일 수도 있겠다 싶어 당선작이 아닌 가작으로 뽑았다는 뒷이야기가 있다. 교사라 밝히지 않았더라도 성인이 쓴 동시임을 알았다면 가작이라는 꼬리표는 뗄 수 있었다는 것이다.

이 동시를 읽으면 귀여운 아기가 무럭무럭 커 가는 모습이 그려진다. 예전에는 방문을 창호지라는 종이로 발랐다. 궁금증이 많은 아이는 바깥일이 궁금하면 손가락에 침을 묻혀 창호지에 구멍을 내고, 그 문구멍을 통해 바깥을 보았다. 특히 추운 겨울에는 문조차 열기 싫어 그 구멍을 통해 눈이 오는지, 엄마가 무엇을 하는지 몰래 보았다. 그런데 그 문구멍 높이가 차츰차츰 올라간다. 그 아기의 키가 훌쩍훌쩍 커 가고 있기 때문이다.

  이 짧은 동시 하나에, 아이에 대한 사랑과 우리 삶의 정경이 몽땅 담겨 있다. 하지만 우리 일상에서 창호지를 바른 문이 사라지면서 어린이들이 이 동시를 읽고 이해하기는 매우 어려워진 게 사실이다.

제2부 시 창작 기법

아이러니 기법 짧은 동시 읽기

　　　　가갸 거겨
　　　　고교 구규
　　　　그기 가.

　　　　라랴 러려
　　　　로료 루류
　　　　르리 라.

　　　　　　　　　　　- 한하운, 「개구리」 전문[12]

"이게 무슨 시야!"라고 말할 수도 있겠으나, 한센병을 앓았던 그 유명한 한하운 시인의 시이다. 그것도 고은 시인을 시인으로 이끌어 준 시집[13] 『한하운 시초』에 수록한 시이다. 무

---

12) 한하운, 『한하운 시초』, 정음사, 1953(재판), 37쪽.
13)　1948년인가 미술부 활동을 마치고 캄캄한 십 리 길을 걸어 집으로 오는데 무언가 빛이 어려 있는 거야. 길가에 책이 있어. 날 위해서 책이 기다리고 있었어. 장물 취득도 아니고, 그냥 내 거야.(웃음) 그게 <한하운 시초>야. 새 책인데 오렌지 빛 표지도 기억나. '하룻밤 자면 눈썹이 빠지고, 또 하룻밤 자면 발가락이 떨어져 나가고'. 크하, 정말로 비극적인! 새벽까지 그걸 읽고 결심을 했어. 첫째, 문둥병에 걸릴 것!(웃음) 눈썹도 빠지고 발가락 하나씩 떨어져 나갈 것. 둘째, 집에 안 있고 떠돌 것! 나도 이런 시를 써야겠다고 다짐 한 거지.《한겨레 신문》(2010.10.15일자, 29면) 인터뷰에서.

더운 여름밤 개구리가 우는 소리가 시인의 귀에는 마치 글 읽는 소리처럼 들렸던 모양이다. 어린아이들이 한글을 배울 때 쉬지도 않고 중얼거리듯 시인의 눈에는 개구리가 마치 한글을 읽듯 "가갸 거겨 고교…… 나냐 너녀 노뇨…… 다냐 너녀 도뇨…… 라랴 로료……" 밤을 새워 글을 읽고 있다. 참으로 재미있는 발상이다.

   가―가
   그―
   가 가가
   그
   가꼬
   갔다 카대.

   서로
   통하네.

- 신기용, 「의사소통」 전문

  한하운의 「개구리」처럼 "이것도 시야!"라고 말할 수도 있겠으나, 아이러니 기법만으로 시의 자격을 얻었다고 말할 수 있다. 경상도 사람들이 일상에서 흔히 사용하는 말이기 때문이다. 그러나 이 문화에 접하지 않은 사람들은 1연에서 "갔다 카대"를 제외하고는 무슨 말인지 도무지 알 수가 없다. 이것을 표준어로 풀어 보면 "그 애가 / 그곳에 / 가지고 가서 / 그것을 / 가지고 / 갔다 하더라."이다. 그냥 일상적으로 하는 말인데 경상도 방언을 잘 모르는 사람에게는 생소하게 들릴 것이다. 표준어로 표현했다면 시가 될 수 없다.

경상도 방언은 표준어와는 달리 악센트 어(語)다. 표준어는 장단과 억양에 의해 뜻이 달라지지만, 경상도 방언은 장단과 강약의 악센트에 의해 뜻이 달라진다. 이것을 나열한 후 "서로 / 통하네."라며 에이런이 속성을 드러낸다. 아이러니 기법으로 시화한 것이다.

단시를 읽고 나면 뒤통수를 한 방 얻어맞은 느낌이 드는 시가 있는 반면에 아무런 감응이 없는 시도 있다. 뒤통수를 한 방 얻어맞은 느낌의 단시를 읽고 나면 우리는 흔히 '촌철살인'이라고 넉 자로 표현한다. '촌철살인'이란 사전적 의미로 '한 치의 쇠붙이로도 살인한다는 뜻으로, 간단한 경구(警句)로도 남을 감동시키거나 남의 약점을 찌를 수 있다는 비유의 말'이다. 이처럼 단시는 짧지만 굵은 의미와 강한 이미지가 응축되어 있기 때문에 그 시에서 뿜어내는 메시지가 예리하다.

시가 짧다 하여 모두 촌철살인은 아니다. 고은의 「내장산」과 안도현의 「인생」은 지극히 사적인 외침이면서 주관적인 시점의 표현이고, 한하운의 「개구리」는 평면적인 언어의 유희 등 즉흥성에 그치고 마는 시도 있다. 이러한 시의 수준은 하위라 할 수 있을지언정 그렇다고 시가 아닌 것은 아니다. 시란 주관적 시점의 표현과 언어의 유희에도 목적성을 가지고 있기 때문이다.

제3부 시론

현대 시조 창작 기법
길의 플롯, 담시 「영도다리 아리랑」 시론
동심시론(童心詩論) : 동심시의 시각화 형태 실험

제3부 시론

현대 시조 창작 기법

시조란 무엇인가. 《표준국어대사전》에 "고려 말기부터 발달하여 온 우리나라 고유의 정형시. 초장, 중장, 종장의 3장 6구 4음보의 기본 형태를 가진 평시조와 파격의 엇시조, 사설시조로 나뉜다."라고 등재해 있다. 평시조란, "삼장 형식으로 이루어진 가장 기본적이고 대표적인 시조. 초장이 3·4·3(4)·4, 중장이 3·4·4(3)·4, 종장이 3·5·4·3조로, 글자는 모두 45자 안팎이며, 각 장은 4음보로 이루어진다."라고 등재해 있다.

현대 시조는 시각적으로도 곧바로 시조임을 알 수 있는 기사 형식을 채택하는 것이 바람직하다. 3, 6, 7행으로 기사하는 것이 가장 무난하다. 초·중·종장으로 구분하는 3행, 초·중·종장을 각 2행으로 나누어 기사하는 6행, 초·중장을 각 2행으로 하면서 종장을 3행으로 기사하는 7행 형식이 가장 무난한 기사 형식이다.

특히 7행 형식은 반드시 석 자여야 하는 전환구의 반전 효과, 그다음 다섯 자에 주제 장치 효과를 달성할 수 있다는 장점이 있다. 이런 이유로 필자는 7행 형식을 선호하는 편이다.

더 자세히 말하면, 7행 기사 형식을 취하면서 아래 예문과 같이, 자유시처럼 3연 7행 기사 형식을 선호한다. 이는 6구의 각 구 단위의 의미, 리듬, 이미지, 호흡의 독립성을 유지해 많은 이야기를 이끌어 갈 수 있다는 장점이 있다.

   초장 전구 3·4
    후구 3(4)·4

   중장 전구 3·4
    후구 4(3)·4

   종장 전구 3 (전환구)
    전구 5 (주제구)
    후구 4·3

3연 7행 기사 형식은 시조 창작 입문 과정에서 매우 중요하게 다루어야 한다. 즉, 습작할 때 기승전결을 명확히 구분할 수 있고, 반전 장치, 주제 장치에 쉽게 접근할 수 있는 장점 때문이다.

제3부 시론

시절가

시조(時調)를 일컬을 때 시절가(時節歌)라는 이칭(異稱)으로 말하기도 한다. 조선 시대의 학자 이학규(李學逵, 1770~1835)가 문집 『낙하생고(落下生稿)』에 수록한 "수련화월야(誰憐花月夜) 시조정처회(時調正悽懷)"라는 한시구(漢詩句)에서 시조를 언급했다. 주에 '시조역명시절가(時調亦名時節歌)'라고 했다. 시절가라는 문헌상의 기록은 이것이 처음이다.

유만공(柳晚恭, 1793~1869)은 『세시풍요(歲時風謠)』에 "시절단가음조탕(時節短歌音調蕩)"이라고 하면서 주해(註解)에 '속가왈시절가(俗歌曰時節歌)'라고 했다. 시조의 개념을 말할 때 시절을 사계절만을 의미한다고 해석하면 오류이다. 사계절만 의미할 뿐만 아니라, 그 시대의 판국과 판세를 포괄하는 개념이다. 즉, 시조는 현실성을 반영하는 우리 전통 시문학이다.

우리 전통 운율을 자유자재로 창작할 수 있어야 자유시도 탁월하게 창작할 수 있을 것이다. 시를 공부할 때 단시조, 연시조, 사설시조, 자유시 순으로 완성도를 높여 가는 방법도 있다. 탄탄한 시적 역량을 다지는 방법이다.

현대 시조의 기사 형식(記寫形式)

옛시조는 줄글이었다. 『청구영언(靑丘永言)』과 『해동가요(海東歌謠)』에서는 초·중·종장을 약간의 간격을 두고 띄워서 기사하였다. 현대 시조에서 형식 실험은 3장을 4장으로 늘리거나 양장 또는 절장(단장)으로 줄이는 형태 변형과 자유시처럼 의미, 리듬, 이미지, 호흡 단위를 고려하여 시행을 분행하는 모습으로 이루어져 왔다.

이와 같이 현대 시조는 시인들에 의해 새로운 형식으로 변화를 모색해 왔다. 4장, 양장, 절장(단장) 시조와 같은 형태를 변형하는 실험보다는 의미, 리듬, 이미지, 호흡 단위로 시행을 분행하는 기사 형식 실험이 더 활발하게 이루어져 왔다. 이것은 자유시의 영향을 받아 형태보다는 의미와 더불어 리듬, 이미지, 호흡을 더 중시하기 때문이다.

현대 시조의 기본 형태는 초·중·종장이 그대로 유지된 3장으로 정립되어 왔다. 각 장이 한 행으로 모두 3행으로 정형(定形 혹은 定型)되어 있다는 의미이다. 하지만 그 각 장마다 2구(句)로 나누어 통상 3장 6구라고 한다. 육당 최남선 이후 현대

시조에서 구 단위 6행으로 분행하는 당위성이 여기에 있다. 시조단에서는 분행 위주의 실험을 현재도 진행 중이다. 대체로 분행을 어떻게 하던 3장 6구를 1개 연(聯) 또는 수(首)로 보는 것만은 변함이 없다.

자유시처럼 의미, 리듬, 이미지, 호흡 단위 등을 고려한 분행은 8구설, 12구설 등을 뒷받침한다. 장순하의 「고무신」처럼 시각적 이미지를 고려하여 낱말 단위 분행과 도형을 끌어들이기도 한다.

문덕수는 "현대 시조에서 3장(3행)에서 탈피하고자 하는 경향은 3행이라는 틀이 기계적인 틀이라 여기기 때문이다. 그래서 행 구분에서 변화를 시도하고 있는 것이다."[1]라고 하였다.

김춘수는 "시조의 3장은 세 개의 연(聯)으로 보는 것이 시의 형태로서는 보다 타당하지 않을까 한다. 그리고 장마다 구(句)가 두 개로 나누어지는데 이것들을 또한 두 개의 행으로 볼 수 있다. 따라서 시조는 3연 6행의 형태로 볼 수 있지 않을까 한다."[2]라고 주장하였다. 이것은 현대 시조에서 1연(수)을 6행으로 기사하면서 초·중·종장을 각 2행씩 배열하는 것을 두고 각 장을 연으로 인식하여 주장한 것이다. 그의 주장대로

---

1) 문덕수, 『오늘의 시작법』, 시문학사, 1987, 65쪽.
2) 김춘수, 『시론』, 경북인쇄소, 1961, 131쪽.

라면 현대 평시조가 3장 6구가 아니라 3연 6행인 것이다. 3연 6행의 기사 방법을 취하는 것이 매우 타당하다는 의미를 부여한 것이다.

가람 이병기는 우리의 옛시조를 "시조의 편과 구는 독특한 존재였다. 시조는 시조라는 이름으로서 평시조, 엇시조, 사설시조 세 가지로 되어 있으며 이 세 가지에 공통한 건 그 3장형이었으며, 이 3장형이 한시, 와카[和歌]와 같은 정형(定形)이 아니고 정형(整形)이었다. 이 정형(整形)에는 말을 앎만이라도 자유롭게 쓸 수 있다. 과연 시조는 정형시(定形詩)가 아니고 정형적(整形的) 자유시였다."[3]고 주장하였다.

이를 뒷받침하는 주장은 정지용이 『가람 시조집』(백양당, 1947)의 발문에서 "시조가 자수 장수에 제한이 있어서 무슨 장정적(章程的)인 가치가 있는 것이 아니라, 시형의 제약적 부자유를 통하야 시의 특색일 것이다. 모든 정형시(整型詩)의 미덕이 조선에서는 3장형으로 현양된 것"이라고 하였다.

---

3) 이병기, 『가람문선』, 신구문화사, 1966, 279쪽.

제3부 시론

3장 6구 형식을 살린 기사 형식

　1904년 육당 최남선 이후부터 1950년대까지 상재된 시조집을 중심으로 기사 형식을 살펴보면 3행과 6행이 압도적으로 많은 비중을 차지한다.

　이은상 『노산 시조집』(상옥사, 1932), 오신혜 『망양정』(대동출판사, 1935), 안학 『시조시학』(조광사, 1940), 이병기 『가람 시조집』(백양당, 1947), 김상옥 『초적』(수양서관, 1947), 이호우 『이호우 시조집』(영웅출판사, 1955) 등은 전편을 3행으로 기사하여 발표하였다.

　육당 최남선 『백팔번뇌(百八煩惱)』(동광사, 1926), 『봉사꽃[鳳仙花]』(세계서원, 1930), 정훈 『벽오동』(학우사, 1955)의 경우는 전편을 6행으로 기사하여 발표하였다.

　조운 『파초(芭蕉)』(1947, 고려문화사)는 3행과 5, 6, 7, 8, 9행, 이영도 『청저집』(1954, 문예사)은 3행과 6행, 조애영 『슬픈 동경』(서울신문사, 1958)은 6행에서 9행까지 기사하여 다양하게 발표하였다.

　이 글에서 현대 시조의 분행 위주의 기사 형식을 중심으로 형식의 변화만을 살펴보려 한다.

시 창작의 지평과 시론

육당 최남선의 기사 형식

  육당 최남선은 신시(신체시)의 형태면에서 새로운 모색을 하였다. 그는 신시사의 출발선상에서 형태적 공헌을 하였다. 한편, 1904년 현대 시조의 전환점에서 육당 최남선은 시조를 3행과 6행으로 기사함으로써 새로운 형식을 갖추는 선구자적 역할을 하였다.

>바다야 크다마라 대기권 잔 삼아도
>그 속에 딸코 보면 얼마되지 못하리라
>우주에 큰 행세 못하기는 너나 내나 다 일반
>(소년, 1909.9)

                        - 최남선, 「국풍일수(國風一首)」 전문

>아득한 어느제에
>님이여긔 나립신고,
>버더난 한가지에
>나도 열림 생각하면,
>이라리 안차즈리까
>멀다 놉다 하리까
>(가을님 생각 청춘 제2호)

                  - 최남선, 「단군굴(檀君窟)에서 묘향산」 전문

육당은 첫 시조집 『백팔번뇌(百八煩惱)』에서 전편을 6행으로 기사하였다. 육당 최남선 이후부터 1950년대까지 시조집을 중심으로 기사 형식을 살펴보면 3행과 6행이 압도적으로 많은 비중을 차지하는 이유는 줄글이었던 시조를 3장 형식을 갖춘 3행과 6행으로 기사한 최남선의 영향 때문이라 여겨진다.

주요한의 기사 형식

　주요한은 시조와 소곡집 『봉사꽃[鳳仙花]』(세계서원, 1930)에서 45편 모두 6행으로 기사하여 발표하였다. 당시로써는 보기 드물게 '가로쓰기'로 인쇄하였다. 이것은 기사 방법의 다양성의 시도라고 보는 것이 타당할 것이다. 영시(英詩) 기사법의 영향을 받은 것 같기도 하다. 이 시조집 본문에는 문장 부호 '쉼표'나 '마침표'조차 없다. 유일하게 '큰따옴표' 하나가 있다. "퍼즐"이라는 외래어 표기에서 큰(쌍)따옴표가 한 번 등장한다.

　주요한은 이 시조집에서 6행 기사법 중에서도 7가지의 기사 형식을 사용하였다. 7가지 기사 형식을 쉽게 볼 수 있게 편의상 ①~⑦로 구분하였다.

①
봄비에 바람치어
　　　　실 같이 휘날린다
종일 두고 뿌리어도
　　　　그칠 줄 모르노네
묵은 밭 새 옷 입으리니

제3부 시론

    오실대로 오시라.

          - 주요한,「봄비 1」전문

②
고요한 밤이러라
소리 없은 밤이러라
  고운 꿈은 장옷 쓰고
  임의 자리 갈 때러라
풀닢이 눈물 머금고
긴 한 밤을 새더라

       - 주요한,「새곡조 1」전문

③
빛깔도 좋지마는
향기 더 좋으니
  새벽 붉은 해
  장미의 향기러니
   벙긋이 웃는 입설은
   새벽향기 나더라

       - 주요한,「새곡조 4」전문

④
추석날 밝은 달이

파초 닢에 어리윗네

객지에 맞는 가을

고향 생각 없으려만

    아이의 부르는 노래

    어이그리 슲으뇨

            - 주요한,「망향 6」 전문

⑤

운핫물에 해 드리워

  흰 돗대 붉엇스리

    저녁 가마귀

      들 건너 갈때로다

        (구)름이 기어오르니

          밤 비 올까하노라

            - 주요한,「강남 1」 전문

⑥

뵈은 적 없건마는

  만나매 낯 닉으며

    기둔 적 없건마는

      오래 그린 임이로다

하늘이 내 하나인 임을

  보내신가하노라

            - 주요한,「벗 1」 전문

⑦
달빛이 미쳐나가
안 올님 기두를제
야속한 초생달이
어느덧 넘어 갓소
가슴에 타는 불같아
이 밤중을 밝히렴

- 주요한, 「습작 3」 전문

주요한이 6행으로 기사한 이 무렵까지만 해도 가람 이병기와 노산 이은상은 대체로 3행으로 기사하였다. 그것은 3행 기사가 보편화되어 있었기 때문이고, 이들도 간혹 6행으로 기사하기도 했다. ⑤의 ( )안의 글은 탈자를 살려 놓은 것임을 밝혀 둔다.

조운의 기사 형식

　조운(曺雲)은 시조집 『파초(芭蕉)』(고려문화사, 1947)에서 3행보다 6행을 더 많이 기사하였고, 자유시처럼 이미지 단위로 나누어 5, 6, 7, 8, 9행으로 기사하기도 했다. 편의상 5행부터 9행까지 각 행별 ①~⑤라는 번호로 구분해 보았다.

　　①
　　하늘은 맑다쇠
　　나래는 가볍것다

　　오늘은 구만리
　　내일은 또 몇만리뇨

　　오가는 저 구름짱들 시로 말을 미루네.

　　　　　　　　　　- 조운, 「추운(秋雲)」 전문

　　②
　　볏잎에 꽂힌 이슬 놀랠세라
　　부는 바람

발아 대눈 적삼 겨드랑이
간지럽다

예 벌서 정자나무 밑에
시조소리 들린다.

- 조운, 「석양(夕凉)」 전문

③
넌지시 알은체하는
한 작은 꽃이 있다

길가 돌담불에
외로이 핀 오랑캐꽃

너 또한 나를 보기를
나
너 보듯 했더냐

- 조운, 「오랑캐꽃」 전문

④
퍼이어도
퍼이어도 다 못 퍼고
남은 뜻은

고국(故國)이 그리워서냐
노상 맘은 감기이고

반드시 펴인 잎은
갈갈이
이대 찢어만지고.

― 조운, 「파초(芭蕉)」 전문

⑤
해문(海門)에 진(陣)을 치듯
큰 돛대
작은 돛대

뻘건 아침 볕을
떠받으며
떠나간다

지난밤
모진 비바람
죄들 잊어버린 듯

― 조운, 「출범(出帆)」 전문

제3부 시론

  1947년 조운 시조집 『파초』이후 시조는 자유시의 기사 형식처럼 의미, 리듬, 이미지, 호흡 단위로 짧게 나누어 배열하여 시각적 효과를 노리는 경향을 보였다. 조운의 『파초(芭蕉)』이후 3행 이상의 다양한 기사 형식을 혼용하여 수록한 시조집이 출간되었다. 1950년대 이영도의 『청저집』(문예사, 1954)도 전통적 3행 기사와 더불어 6행 기사 형식을 혼합하여 수록해 놓았다.

이희승 기사 형식

이희승 시집 『박꽃』(박영사, 1947)에 시조 21편을 수록했다. 그 가운데 19편 모두 각 장마다 한 자씩 내려 쓰고 있다. 여기서는 가로쓰기로 변환하였다.

> 쌀쌀한 서리바람 풀잎을 짓다길제
>   들국화(菊花) 외로이서 몸가누기 어려워라
>   별같은 청초(淸楚)한 맵시 하마고대 꺽일듯
>
>   - 이희승, 「가을 생각 – 들국화」 전문

1950년대의 시조집 서정봉 『소정시초』(현대사, 1953)도 이희승의 『박꽃』처럼 시와 시조를 함께 수록해 놓았다.

제3부 시론

조애영 기사 형식

조애영 『슬픈 동경』(서울신문사, 1958)은 6행에서 9행까지의 다양한 기사 형식을 채택하여 수록하였다. 후기에 '시조 형(型)에 대해'라는 편집자의 글을 주목할 필요가 있다.

> 재래의 삼행(三行)으로 된 삼장식(三章式)을 요즘 사람들로 대(對)할 때마다 딱딱한 기분을 받게 되므로 이를 부드럽게 대할 수 있게 해 보려는 것이 결국에는 각장(各章)을 재래의 법(法)을 위반하고 초장(初章)을 삼행(三行)으로 헤쳐 놓고. 중장(中章)을 이행(二行)으로 헤쳐 놓고. 종장(終章)을 삼행(三行)으로 헤쳐 놓았다. 중장은 초장의 뜻을 받아넘길 뿐이므로 재래의 형(型)을 그대로 유지(維持)하거나 이행(二行)으로 헤쳐 놓았고. 초장과 종장은 어구(語句)마다 중요성(重要性)을 가지고 있다. 삼행(三行)이나 사행(四行)으로 헤쳐 놓고 보아도 뜻을 지닌 글줄이 될 수 있으며 그 시조에 담긴 음률(音律)은 변함이 없이 읽는 이로 하여금 아모리 헤쳤을지라도 시조시(時調詩)인 것을 곧 알게 되는 것이다.

편집자가 주장하는 것을 다시 요약해 보면, '초장을 3행, 중장을 2행, 종장을 3행' 모두 8행으로 기사하거나, '중장을 1행 또는 2행, 초장과 종장은 3행 또는 4행' 모두 7행에서 9행까지 다양하게 기사했다는 의미이다. 전자의 8행을 ㉠, 후자의 7행을 ㉡-1, 9행을 ㉡-2로 임의로 분류하여 읽어 본다.

㉠
엄마가
낳은 딸이
또 엄마가 되었을 제
그 공을 갚노라고
내 자식을 위하는가
아가를
아끼는 맘속에
어머니가 계시네

- 조애영, 「어머니」 2연

㉡-1
매화분
싸움 터에
바람도 억세거늘
여지껏 가꾼 백매 몸 둘 곳을 모르오리
꽃잎이
떨어지기 전
그대 앞에 올리려

- 조애영, 「매화분」 1연

ⓒ—2
첫날은
잠잠했고
이튿날 새벽이라
방송국도 우리 손에
총독부도 우리 손에
태극기
높이 올리며
만세 만세
만만세

- 조애영, 「광복절」 2연

조애영 시조집 『슬픈 동경』의 후기에 밝힌 것과는 달리 각 장을 2행씩 분행한 6행의 기사와 중장을 3행으로 기사한 시조도 수록해 놓았다.

이미지 단위 기사 형식

"1960년대 시조는 자유시의 난해성과 구호성, 그리고 지적 편중에 반동했던 만큼 정완영의 작품에서 전형적으로 보게 되듯이 필연적으로 전통적 서정 세계를 주조로 한다. 그러나 이 시기에 와서 시조는 대담하고 다양한 형식 실험에도 불구하고, 시조 고유의 정형성에 대한 형식적 갈등을 드러낸다. 이 갈등은 시조 고유의 리듬을 파괴하고 지나치게 행을 분할하여 자유시와 구분되지 않았을 때 극명하게 나타난다."[4]

    1
    산
    허리
    후미진 선
    눈이 시린
    5월 햇살
    탁
    짜개
    솟아올라

---

4) 김준오, 「순수·참여와 다극화 시대」, 『한국현대문학사』, 현대문학, 2002, 388-389쪽.

제3부 시론

율동이는
능선
능
선

봄
바람
그 샛길을 돌아
옹달샘에
앉는다.

- 강운회, 「추상화·2」 첫수

강운회의 「추상화·2」는 이미 결합 방법부터 실험적 자유시와 흡사하다. 이 시조에서 4음보의 정형을 느낄 수 없다. 한마디로 시조의 생명인 전통적 운율을 느낄 수 없는 거의 절망적인 수준이다. 이러한 시조를 읽다 보면 시조의 정형성과 자유시를 구분할 수 없을 지경이다.

어루만지듯
당신
숨결
이마에 다사하고

내 사랑은 아지랭이
춘삼월 아지랭이

장다리
노오란 텃밭에

   나비
나비
   나비
나비

— 이영도, 「아지랭이」 전문

  이영도의 「아지랭이」는 『석류』(1968)에 수록한 시조이다. 지금의 표기법에는 '아지랑이'이지만, 당시에는 '아지랭이'로 표기하였다. 종장 둘째 구에서 "나비"를 4줄로 배열한 것은 마치 네 마리의 나비가 날갯짓하며 날아가듯 출렁이는 모습을 연상할 수 있게 시각적으로 장치한 것이다. 이와 같은 시도를 정소파의 「화계(花階) 내리는 나비」라는 시조에서도 볼 수 있다.

  (……)

제3부 시론

꽃무리
신나 춤 춰 도는

나비
　　　나비
나비
　　　나비

(……)

꽃 보료
위에 안고 넘어지는

나비
　　　나비
　　　　　나비
　　　　　　　나비

(……)

열흘이
채 멀다 않고 죽어간

                    나비

                나비

            나비

        나비

            - 정소파, 「화계(花階) 내리는 나비」에서

 이영도의 「아지랭이」와 정소파의 「화계 내리는 나비」에서 '나비'가 날아가는 듯한 모습이다. 종장 둘째 구에서 "나비"를 4줄로 배열한 것은 마치 한 마리의 나비가 넘실넘실 날갯짓하며 날아가듯 출렁이는 모습을 시각적으로 연상시킨다. 달리 보면 네 마리의 나비가 동시에 날아가는 모습처럼 시각적으로 보이기도 한다.

 정소파 시인은 「사랑이 내리는 동산」이라는 시조에서도 낱말을 시각적으로 배열하고 있다.

 1.
 (……)

 금잔디
 노오란 풀밭에—

 소녀

제3부 시론

      소녀

          소녀

              소녀

2.
(……)

햇무리
화안한 뜨락에—

꽃잎
    꽃잎
꽃잎
    꽃잎

3.
(……)

잎수풀
포오란 알속에—

소리
    소리
소리

시 창작의 지평과 시론

소리

— 정소파, 「사랑이 내리는 동산」에서

정소파 시인은 「사랑이 내리는 동산」에서는 '소녀', '꽃잎', '소리'를 시각적으로 배열해 놓았다. '소녀'들이 노오란 풀밭에 모여 있는 모습, 뜰에 '꽃잎'이 흐드러진 시각적 모습, 심지어 풀잎에서 '소리'가 흘러나오는 청각적인 낱말까지도 시각적으로 배열하였다. 이처럼 그는 종장 결구에서 연상적 작용을 유도하는 기사 형식으로 굳혀 놓았다.

기사 형식에 대해 월하 리태극은 "너무 줄을 바꾸어서 기사를 한다면 자유시와 구분하기가 매우 곤란하게 된다. 자유시 기사 형식에 추종할 필요는 절대로 없다. 시조인 이상 시각적으로도 시조로 알 수 있는 기사법이 바람직하지 않을까 한다. 그러므로 3행, 6행, 7행 정도에 머물도록 함이 타당하다고 본다."5)라고 주장하였다.

월하 리태극의 주장처럼 현대 시조는 시각적으로도 곧바로 시조임을 알 수 있는 기사 형식을 채택하는 것이 바람직하다.

---

5) 리태극, 「한국시조문학개관」, 『한국시조큰사전』, 을지출판사공사, 1985, 36쪽.

3, 6, 7행으로 기사하는 것이 가장 무난하다. 초·중·종장으로 구분하는 3행, 초·중·종장을 각 2행으로 나누어 기사하는 6행, 초·중장을 각 2행으로 하면서 종장을 3행으로 기사하는 7행 형식이 가장 무난한 기사 형식이다.

앞에서 언급한 바와 같이, 7행 형식은 반드시 3자여야 하는 전환구의 반전 효과, 그다음 다섯 자의 주제구 효과를 달성할 수 있다는 장점이 있다. 이런 이유로 필자는 7행 형식을 선호하는 편이다.

더 자세히 말하면, 7행 기사 형식을 취하면서 자유시처럼 3연 7행 기사 형식을 선호한다. 이는 6구의 각 구 단위의 의미, 리듬, 이미지, 호흡의 독립성을 유지해 많은 이야기를 이끌어 갈 수 있다는 장점이 있다.

3연 7행 기사 형식은 시조 창작 입문 과정에서 매우 중요하게 다루어야 한다. 즉, 습작할 때 기승전결을 명확히 구분할 수 있고, 반전 장치, 주제 장치에 쉽게 접근할 수 있는 장점 때문이다.

이에 덧붙여 8, 9, 10행 또는 그 이상으로 기사하는 것에 완전히 반기를 들고 거부할 이유는 전혀 없다.

기사 형식의 다양화는 물론이고, 여러 시조 형식 간의 혼합 시조(옴니버스 시조)도 수용한다. 나아가 단시조와 자유시, 단장

시조와 자유시의 혼합 시조마저 적극 수용한다. 이를 통해 현대 시조의 고조 탈피와 창조적 새로움을 모색할 수만 있다면 적극 수용하여야 할 문제이다.

이를 적극 수용하여 시조집 『시가 밥 먹여 주나』(2023)를 출간한 바 있다.

제3부 시론

형태 변형

옛시조의 시형상의 특질은 시형(詩形)의 변조나 변형이 없이 3장 정형과 음수율의 진폭을 온전히 보전해 온 우리 고유의 전통적 시 양식이다. 현대 시조의 특질은 현대의 모든 문학 장르가 그랬듯이 현대라는 시대성의 양식에 발맞추어 다양한 형태 실험을 해 왔고, 표현 기교와 수법도 자유시의 양식을 거부 없이 그대로 수용한 것이라 할 수 있다.

현대 시조의 형태 실험은 3장을 4장으로 늘리거나 양장 또는 절장(단장)으로 줄이는 형태와 시행을 자유시처럼 의미, 리듬, 이미지, 호흡 단위를 고려하여 분행하는 모습으로 이루어졌다.

김춘수는 『한국 현대시 형태론』(해동문화사, 1958)에서 서구의 14행시 소네트와 한시의 7언·5언 절구나 율 같은 것은 음성율·음위율·음수율을 철저히 지켜야 하는 '완전한 정형시', 우리의 시조는 음수율만을 강요하는 '불완전한 정형시'라고 하였다.

이 '불완전한 정형시'라는 것을 깊이 해석해 보면, 긍정적으로는 음수율 외의 시적 요소들을 폭넓게 끌어안을 수 있는 융

통성을 열어 놓은 시형이라는 뜻이다. 사고의 폭이 넓은 시형이라는 긍정적인 면이 강하다. 부정적으로는 불완전한 시형이기 때문에 완전성을 향한 끊임없는 변형이 이루어질 수 있다는 의미가 숨어 있다. 시의 질을 가장 논리적으로 구축할 수 있는 정형시로의 발전 과정을 밟을 수밖에 없다는 것을 인정한 것이다. 즉, 시조는 아직 미완의 시형이라는 의미이기도 하다.

이 부정적인 측면에서 깊이 생각해 볼 필요가 있다. 시조가 '불완전한 정형시'이기 때문에 '완전한 정형시'로의 변형은 자연 발생적으로 일어날 수밖에 없는 일이다. 이 때문에 현대 시조가 어제도 오늘도 끊임없는 변화를 시도하고 있다. 완전한 정형으로 향한 길은 끝이 보이지 않는 아직도 멀고 먼 길일 수도 있다.

이 글에서 현대 시조의 변화를 살펴보고, 형태 변형을 중심으로 이루어진 형식 실험을 살펴본다. 여기서 시조를 분석하거나 해설하지 않는 이유는 시조의 형식 변화에 대한 정리만으로도 시조를 공부하는 문학도에게는 많은 도움이 되리라 여기기 때문이다.

제3부 시론

현대 시조의 변화

현대 시조는 가람 이병기 이후 자유시로의 접근을 모색하였다. 신석정과 가람 이병기가 공저한 『명시조 감상』(박영사, 1958)에서 "고시조에서 보는 '3·4·3(4)·4, 3·4·4(3)·4, 3·5·4·3'의 엄격한 틀을 벗어던지고 뛰어나온 것부터가 현대 시조가 몸부림쳐 얻은 혁명일 것이다. 여기서 비로소 오늘의 시조는 새로운 영토를 개척하게 되었으리라. 형식(形式)에서 오는 새로운 개척은 결국 그 내용의 욕구에서 결과한 것이니, 새로운 술은 이미 낡아빠진 푸대에 담을 수 없는 일이다."[6]라고 하면서 가람 이병기의 개척 정신을 높이 평가하였다. 가람은 정형의 틀에서 벗어나기 위한 몸부림을 작품 창작에 그대로 반영하였다.

시조단에서는 고조 탈피를 모색해 왔다. 한편에서는 낡은 표현을 답습하는 경향이 있다. 고답적 표현은 현대 시조 발전의 걸림돌이다.

---

6) 이병기·신석정 공저, 『명시조 감상』, 박영사, 1958, 101쪽.

고조(古調) 탈피

>그대로 괴로운 숨 지고 어이 가랴하니
>좁은 가슴 안에 나날이 돋는 시름
>회도는 실꾸리 같이 감기기만 하여라.
>
>아아 슬프단 말 차라리 말을 마라
>물도 아니고 돌도 또한 아닌 몸이
>웃음을 잊어 버리고 눈물마자 모르겠다.
>
>쌀쌀한 되바람이 이따금 불어온다
>실낱 만치도 볕은 아니 비쳐든다
>친구들 외로히 앉아 못내 초조하노라.
>
>— 이병기, 「시름」 전문

이 시조와 옛시조를 비교해 보면 새로운 형식으로 변화하였음을 알 수 있다. 3·4·3(4)·4, 3·4·4(3)·4, 3·5·4·3의 고조(古調)를 완전히 벗어던졌음을 알 수 있는 시조이다.

제3부 시론

그대로 괴로운 숨 지고 어이 가랴하니
  3   3   1 2   2   4
        └ 4 ┘ └ 4 ┘
좁은 가슴 안에 나날이 돋는 시름
  2   2   2   3   2   2
       └ 4 ┘   └ 4 ┘
회도는 실꾸리 같이 감기기만 하여라.
  3   3   2   4   3
      └ 5 ┘

아아 슬프단 말 차라리 말을 마라
  2   3   1   3   2   2
      └ 4 ┘   └ 4 ┘
물도 아니고 돌도 또한 아닌 몸이
  2   3   2   2   2   2
        └ 4 ┘ └ 4 ┘
웃음을 잊어 버리고 눈물마자 모르겠다.
  3   2   3   4   4
      └ 5 ┘

쌀쌀한 되바람이 이따금 불어온다
  3   4   3   4
실낱 만치도 볕은 아니 비쳐든다
  2   3   2   2   4
        └ 4 ┘
친구들 외로히 앉아 못내 초조하노라.
  3   3   2   2   5
     └ 5 ┘

가람 이병기는 형식적인 면에서 고조를 내던지고 새로운 실험을 하였다. 종장의 첫 구에 오는 감탄사 '어즈버', '하노라'를 완전히 버렸다. 언어 구사적 측면에서 변화를 일으킨 것이다. 그리고 옛시조에서 천편일률적인 인생무상, 영탄과 회고의 세계를 완전히 탈피하였다.

고조에서 탈피함과 아울러 자유시와 닮은 낭만적인 내용을 실험하였다. 물론 초기작들은 안이한 서정에 그쳤다는 한계점을 드러내기도 했지만, 실험성만은 인정하여야 한다.

제3부 시론

문답형, 각운, 서사 수법 시험

비낀 볕
소등 위에
피리 부는 저 아희야

너의 소
짐 없으면
나의 시름 실어 주렴

싣기는
어렵잖아도
부릴 곳이 없어라.

— 한용운, 「시름」 전문

 이 시조는 문답형으로 구성되어 있다. 옛시조의 사설시조에서 이런 문답 형식이 존재하기는 하였다. 현대 시조의 출발 선상에서 이런 수법을 채택한 것만으로도 한용운의 시적 안목과 치열성을 알 수 있는 시조이다.

노랑 장다리 밭에
나비 호호날고

초록 보리 밭 골에
바람 흘러가고

자운영 붉은 논뚝에
목메기는 우는고

- 정훈,「춘일(春日)」

  초·중·종 3장의 끝맺는 말에 "고"라는 각운은 당시의 자유시에서는 이미 등장하였으나, 시조에서는 보기 드문 실험이다. 초장 "호호날고", 중장 "흘러가고", 종장 "우는고"를 눈여겨봄이 좋을 듯하다. 최근에는 이와 같은 각운을 비롯하여 요운, 두운은 새로운 것이 아닌 낡은 것이 되어 버렸다. 하지만 시의 음악성을 불어 넣는 수법으로는 제격이다.

산길 굽이 굽이
몇 굽이 돌고 돌아

뻐꾸기 자추던 날
네 고향 찾아드니

샘길에 어린 네 모습
찾을 법도 하고파

흰 조고리 감장 치마

제3부 시론

>   감태 같은 머리채며
>
>   물동이 옆에 끼고
>   거니는 양 서언한데
>
>   향남에 서린 연기는
>   수심인듯 이는다
>
>   뽕밭도 예와 같고
>   정구지밭 그저 있다.
>
>   사리문 들어스니
>   꽃밭도 옛모양
>
>   반기는 늙으신 양주
>   설은 양을 알려라.
>
>   호롱불 둘러앉아
>   말끝마다 목이 멘다
>
>   헐벗든 못먹든
>   죽지나 말 것을
>
>   불상이 사다간 그를
>   더욱 설어 하였네
>
>   - 정훈, 「애화(哀話)」

 이 시조는 서양의 서사시 수법을 끌어들여 시험한 것이다. 다시 말해 이 시조에는 이야기가 이어지면서 흐르고 있다.

신석정은 『명시조 감상』(박영사, 1958)에서 "이런 서사시적 수법을 시험할 바에는 좀더 뼈저린 구절이 있었으면 싶은데 너무 평범한 것이 적이 섭섭하다."7)라고 말하였듯이 지금의 시각에서는 평면적인 이야기로 짜여 있음이 아쉬울 뿐이다.

---

7) 위의 책, 88쪽.

제3부 시론

길의 플롯, 담시 「영도다리 아리랑」 시론

1. 펼치며

 2014년 봄, '국제신문 영도다리 스토리텔링 공모전' 가작 수상작인 장편 담시 「영도다리 아리랑」은 새로운 이야기이다. 이 창작물은 소설이 아니다. 200자 원고지 100매 분량의 담시(譚詩)이다. 즉, 이야기 시이다.
 나아가 시조, 사설시조, 판소리 가락으로 창작한 시이다. 독서용 겸 공연용이다. 사설시조와 판소리 가락에 맞추었기 때문이다. 전체를 판소리 형식의 한마당 공연을 할 수 있게 구성했다. 1, 3, 4장의 평시조 4수는 정가 시조창을 할 수 있게 가미하였다. 소리꾼 한 명(필요시 시조창 전담 한 명 추가), 고수 1명만 있어도 이야기를 이끌어 갈 수 있다. 창(소리), 아니리(사설), 발림(몸짓)의 판소리 가락 한마당으로 이야기를 엮어 놓았다. 결국, 소설과 시, 시조(사설시조)와 판소리 가락, 정가와 판소리 한마당, 읽기와 공연의 융합이다. 부산 토속어와 판소리와의 결합이기도 하다.

2. 길의 플롯, 담시 「영도다리 아리랑」

영도다리는 1934년에 개통하였다. 섬과 뭍을 잇는 한국 최초의 다리이자 길이다. 도개 기능이 있어 큰 배가 지나갈 때면 다리를 들어 올려 남항과 북항을 잇는 뱃길을 열어 주기도 했다. 우리 근현대사에서 다리로서의 의미와 더불어 길로서의 의미가 더 짙다. 엄격하게 말하면 다의적인 의미를 지닌다.

담시 「영도다리 아리랑」의 주제는 '나라 잃은 백성의 슬픔'이다. 즉, 일제 강점기 민족의 슬픔을 그렸다. 영도다리는 남과 북의 이데올로기에 의해 빚어진 6.25 한국전쟁과 피란민들의 애환을 담고 있는 상징물이다. 그 그늘에 가려 일제 강점기 때 노동 착취와 수산 자원 수탈의 상징물이었음이 제대로 조명되지 못하고 있다. 이 점을 부각하려는 작품이다.

이 점이 기성 작품의 이야기와 변별되는 지점이다. 갑오경장 이전까지는 섬 전체가 국마장(國馬場)이었다. 이를 감독하거나 종사하는 자들만 입도할 수 있었다. 일제 강점기 영도다리가 개통되기 전에는 한국인은 봉래나루와 용미나루를 잇는 뱃길로 나룻배를 통해 왕래했고, 일본인들은 남항나루와 자갈치나루를 잇는 뱃길로 통통배를 타고 왕래했다.

다리 개통 이후, 한국인이 경영하던 봉래나루와 용미나루를 잇던 뱃길은 사라졌지만, 일본인이 경영하던 남항나루와 자갈치나루를 잇는 뱃길은 다리와 무관하게 번성했었다. 이같이 뭍과 섬을 잇는 길(다리, 뱃길)을 통해 나라 잃은 백성의 슬픔을 부각해 보았다. 뭍과 섬(영도)을 이어 주는 길, 사람과 사람을 이어 주는 길의 의미뿐만 아니라, 애국과 매국을 상징하는 길로도 차별화한 작품이다.

현진건의「고향」에서 식민지 지배 체제를 강화하기 위한 정책으로서의 신작로 개설처럼, 영도다리를 건설할 때는 나라 잃은 백성의 땅은 물론이고 피와 땀을 수탈한 지옥 같은 공사 현장이었기에 민초들의 죽음의 길이기도 했다. 일제의 국토 개발 정책에 대한 문학에서의 부정적인 반응이라는 측면에서 유사성이 있다.

또한, 현진건의「고향」, 최서해의「고국」, 이익상의「이향(移鄕)」등에서 나타난 살 길과 식량과 자유를 찾기 위한 인구의 대대적인 수평 이동 현상처럼, 영도다리 개통 후 뭍의 인구가 영도로 수평 이동하는 현상을 초래하였다. 일제 강점기 때는 영도에 일본인과 수산업 종사자들이 유입되었다. 이에 따라 전철이 영도다리 위로 통과할 정도로 대대적인 수평 이동을 하였다.

나아가 해방 후에는 정비석의 「귀향」에서의 고향이라는 근원적인 장소에로의 회귀와 직결된 귀환의 길처럼 재일 귀환 동포의 임시 거주지가 설치되어 인구가 수평 이동하였다. 한국동란 이후 최인훈의 「광장」에서의 제3의 길로의 모색처럼 삶의 돌파구를 찾으려는 피란민들이 영도와 뭍으로, 뭍에서 영도로 수평 이동하면서 전쟁의 고통과 가난에서의 탈출을 시도하였다. 이런 유사성도 있다.

나아가 한용운의 「님의 침묵」에서의 길은 결별된 상태의 공간적 간격과 단절된 거리를 대상화하는 근거이고, 재회의 지평이 열리어 오는 가능성의 통로이다. 단절 확인과 이음에의 이중적인 회로(回路)로서의 상징적 의미를 가진다.

이처럼 영도다리도 6.25 한국전쟁 통에 재회를 약속한 장소이고, 재회를 약속하지 못한 사람들도 이곳에 가면 재회할 수 있다는 희망의 길이기도 했다. 나아가 단절된 길, 즉 단절된 인연을 다시 이어 놓는 상징적 의미를 지니기도 한다. 나아가 영도다리는 김소월 시인의 나그네 시학처럼 돌아올 수 없는 떠남의 길이기도 하고, 서정주 시인의 신화 원형적 상징 의미처럼 죽음으로 통하는 길이며 영원으로 통하는 통로이기도 하다. 아직도 영도다리에서 죽음의 길로 접어드는 사람이 많다.

3. 스토리텔링 장소의 가치[8]

2015년 부산의 모 자치단체에서는 스토리텔링집을 발간하여 출판기념회를 열기도 했다. 그런데 동 단위 자생 단체별 10권 이상씩 할당하여 권당 만 원을 받았다고 한다. 거의 강매 수준이었다고 불평을 토로하는 이도 있었다.

관에서 강매하는 행위가 옳고 그름을 떠나 꼼꼼히 읽어 보았다. 스토리(story)와 텔(tell)은 있는데 '-ing'가 미흡했다. 스토리텔링의 핵심은 '-ing'이다. 그러함에도 미흡하다는 말은 '스토리텔링'의 개념을 모를 수도 있고, 편집자의 역량이 부족한 것일 수도 있다고 평가해 본다.

스토리텔링 방향을 수립하는 데 장소에 대한 기초 조사는 매우 중요하다. 장소의 가치 상승이 스토리텔링의 선행 요건이기 때문이다. 장소의 이름 전략과 범위부터 신중하게 설정해야 한다. 그 책이 여기까지는 문제가 없어 보인다. 장소를

---

[8] '오륙도신문'에 발표한 글을 일부 수정했음을 밝혀 둔다.

바탕으로 한 이야기의 갈등 설정이나 해결 방식 및 의미 등은 미흡한 수준이었다. 즉, '-ing'에 문제가 있어 보였다.

현대적 스토리텔링은 장소가 중요하다. 먼저 장소(場所)와 공간(空間)의 의미를 생각해 본다.《표준국어대사전》을 보면, 장소는 "어떤 일이 이루어지거나 일어나는 곳."이라는 포괄적인 의미를 지닌다. 공간은 다음과 같이 4가지의 의미를 지닌다. "① 아무것도 없는 빈 곳. ② 물리적으로나 심리적으로 널리 퍼져 있는 범위. 어떤 물질이나 물체가 존재할 수 있거나 어떤 일이 일어날 수 있는 자리가 된다. ③ 영역이나 세계를 이르는 말. ④ 『물리』물질이 존재하고 여러 가지 현상이 일어나는 장소. 고전 역학에서는 삼차원 유클리드 공간을 사용하였는데, 상대성 이론에서는 시간을 포함한 사차원의 리만 공간을 사용한다."

가스통 바슐라르는 『공간의 시학』에서 공간을 "수많은 벌집 같은 구멍들 속에 시간을 압축해 간직하고 있다."라고 언급하였다. 공간 속에 시간이 멈춰 있다고 본 것이다. 이것은 상대성 이론처럼 시간을 포함하는 개념이다. 그러나 이를 헤겔의 자연철학 측면에서 살펴보면, 장소(Ort)는 "공간과 시간의 통일태, 공간—시간점이다."[9] 이것은 "단순한 시간점, 단순

---

9) 가스통 바슐라르, 곽광수 옮김, 『공간의 시학』, 동문선, 2003, 83쪽.

한 공간점이란 추상적인 점과 달리 자연적 세계에서의 처음의 '구체적인 점'이다."10) 그렇다면 장소(Place)는 공간(Space)과 시간(Time)을 포괄하는 개념이라고 해석할 수 있다. 나아가 인간의 경험, 태도, 가치 등 추상적 개념까지 포함한다고 해석할 수도 있다.

현대적 스토리텔링이라는 이름 아래 부산에서 가장 가치 있다고 판단하는 장소는 어디일까? 영도다리(영도대교)라고 주장해 본다. 한국전쟁의 애환이 서려 있는 영도다리가 수명을 다해 철거될 예정이었으나, 지역 사회에서 영도다리 스토리텔링, 영도다리 문화 행사 등을 내세워 각고의 노력 끝에 지금은 새로운 문화 공간으로 재탄생하였다.

영도다리는 부산 시민의 정과 한국전쟁 중 피난민의 애환과 애수가 담긴 부산을 상징하는 다리이다. 영도구 대교동과 중구 광복동을 연결하는 다리로, 처음에는 돛이나 굴뚝이 높은 큰 배가 다리에 걸리지 않고, 그 밑으로 운항할 수 있도록 도개식(跳開式)으로 설계한 것이다. 기계가 낡고 수도관이 놓이게 됨으로써 1966년 9월 이후 들어 올리지 못하였다. 당시만 해도 이 교량이 영도와 부산 내륙을 연결하는 유일한 교량이었다.

---

10) 네이버 지식백과 《헤겔사전》 참조.

2013년 영도다리는 다시 도개하기 시작했다. 이 대목이 현대적 스토리텔링의 출발점이다. 영도다리에 얽힌 6.25 한국전쟁의 아픔이 현대적 문화 광장 혹은 문화 축제의 장으로 탄생한 것이다. 영도다리는 부산 사람만이 아니라, 한국인의 애환이 서린 곳이기에 가능한 일이다. 매일 정오를 기해 도개한다. 그 순간 축제의 분위기가 자연스럽게 우러나온다. 하지만 아직 미비한 점이 너무나 많다. 그렇기에 더 감동적인 스토리텔링이 필요하다.

영도다리는, 곽경택 감독의 영화 <친구>(2001)에서는 어린 주인공들이 다리를 건너면서 대화하는 장면이 나오고, 전수일 감독의 영화 <영도다리>(2009)에서는 소녀와 잃어버린 아기를 연결시켜 주는 장소로 영상화하였다. 이것은 영도다리의 새로운 스토리텔링의 가능성을 알리는 주요 사례이다.

영도다리의 가치 상승을 위한 현대적 스토리텔링은 이야기의 갈등 설정이나 해결 방식 및 의미 등을 쉽게 이해하도록 설정하여야 한다. 부산이라는 지역성이 잘 드러나면서 관광객들의 흥미를 끌 수 있는 이야기로 새롭게 태어나야 한다. 영도다리라는 특수성의 이야기가 지닌 의미에 방점을 찍어 풍부한 서사 구조를 자아내어야 진정한 스토리텔링이다.

4. 닫으며

『영도향토지』(2003)에 의하면, 영도에는 두 가지 전설(속설)이 전해져 오고 있다. 하나는 봉래산의 지세가 마치 아늑한 어머니의 품과 같은 형상을 하고 있어 자식들이 어머니 품을 떠나면 못살 듯 영도 주민들이 이런 연고로 좀처럼 영도를 떠나지 않는다는 것이고, 또 하나는 봉래산 산신령이 욕심이 많아 사람들이 영도로 들어오는 것은 좋아하지만, 밖으로 떠나는 것은 싫어하기 때문에 영도 사람들은 좀처럼 이곳을 떠나지 않게 된다는 것이다.

뭍과 영도를 이어 놓은 영도다리가 들어오고 나가는 통로이다. 영도다리는 6.25 한국전쟁 때 피난민들의 애환이 서린 곳이다. 전쟁 통에 재회를 약속한 장소이기도 하고, 재회를 약속하지 못한 사람들도 이곳에 가면 만날 수 있다는 희망의 장소였다. 연결한다는 다리의 속성에서 비롯된 속설이지만, 아직도 전설처럼 여겨져 오고 있다. 끊어진 인연을 다시 이어 놓을 수 있을 것이라는 절박한 심정과 믿음이 낳은 결과이지만, 실제 많은 사람이 재회하기도 했다.

결국, 영도다리는 근대와 현대사의 소용돌이를 품어 안은 희망의 길이기도 하다.

동심시론(童心詩論) : 동심시의 시각화 형태 실험

1.

동심시란, 동심이 깃든 시이다. 동시를 창작한 주체가 어른이라는 의미이기도 하다. 즉, 어른이 동심으로 쓴 시이다. 동시를 창작한 주체에 따라 어린이가 쓴 시를 '동시', 어른이 동심으로 쓴 시를 '동심시'라고 분류하기도 한다. 그래서 동심시는 어린이와 어른 모두가 읽을 수 있는 시이다.

첫 번째 동시집 『하얀 까치집 검은 까치집』(2003)은 파스텔풍의 그림과 함께 동시를 편집했다. 당시 '동시집'이라고 이름을 단 이유는 주 독자층을 어린이를 대상으로 편집했기 때문이다. 두 번째 동시집은 '동심시집'이라 이름을 붙었다. 동심시집 『칭얼거림은 귀여워』(2016)는 어린이와 어른이 함께 읽을 수 있는 동시 위주로 편집했다. 어린이의 눈높이에 맞춘 동시이긴 하지만, 그림 없이 어른의 시집처럼 편집했다.

창작자로서 자신의 시론을 정리해 보는 것은 아주 의미 있는 일이다. 대단히 중요한 과업이기도 하다. 시인이 시론을 정립하지 않은 상태에서 창작할 수도 있다. 그러나 시대와 상황에 따라 변화가 있을 수 있지만, 자신의 시론을 정립한 뒤 창작할 필요가 있다. 자신만의 시론과 창작 행위가 상호 보완적으로 잘 융합한다면 더욱 좋은 작품을 기대할 수 있을 것이다. 그렇게 믿고 싶다.

2.

먼저 두 번째 동심시집 표제시 「칭얼거림은 귀여워」를 읽어 본다.

    아옹개비
    아옹
    아옹

    아우 보고
    아우 탄다.

    새앙쥐
    새앙
    새앙

    아우 보고

아우 탄다.

아기가
앙앙
앙앙

아우 보고
아우 탄다.

　　　　－「칭얼거림은 귀여워」 전문

3.

　동심시 「칭얼거림은 귀여워」는 동시의 서정적 기능을 청각적 운율 장치로 전환하여 동요 리듬을 조성한 시이다. 시각적 이미지를 확장해 나가면서 이미지와 리듬을 결합하여 시의 주관적 의미를 표출하였다. 이것은 시각적 이미지와 청각적 리듬을 동시의 언어 형식으로 변용한 것이다.
　최근 동시가 길어지고 산문화로 변해 가는 경향이 있다. 단편적인 이미지보다는 많은 이미지와 이야기가 어린이 정서 함양에 도움이 될 것이라는 측면에서 시도하는 것이라고 평가해 본다.
　이에 반하여 두 번째 동심시집 『칭얼거림은 귀여워』는 짧은 시 위주로 엮었다. 함축과 여백의 아름다움이 어린이에게 더 긴 여운을 남길 것이라는 믿음을 가지고 짧은 시로 구성하였다. 그러면서 리듬과 이미지 단위로 행과 연을 나누는 것을 뛰어넘어 회화성이 돋보이도록 시각적 이미지의 형상화를 향해 형태 실험을 해 보았다. 어린이가 책을 대할 때 글보다는 그림을 재빨리 수용한다는 인지 능력과 아동 심리를 고려한 것이다. 또한, 짧은 시라서 단순한 이미지로 전락할 수 있어 자연과 사물의 속성을 잘 드러낼 수 있게 아이러니 작법으로 보충하였다. 그러면서 비슷한 시상의 시를 연작으로 편집하여 짧은 시의 단점을 보완했다.

어른의 눈이 주지적 태도를 견지하는 것과는 달리 어린이의 눈은 주정적 태도를 견지하는 경향을 보인다. 어린이는 자연과 사물을 접할 때, 관찰하면서 느낌 그대로의 순간 포착에 무게를 둔다. 어른이 내면적 사색의 세계를 중시한다고 할 때, 어린이는 직감적 시각의 세계를 중시한다고 말할 수 있다.

따라서 시행의 배열도 시각화에 무게를 둔 회화성 형태의 시로 구성하였다. 어린이 눈높이에서 정서적 의미와 반응을 경험하게 하려는 목적성을 가미했다. 대체로 짧은 시이지만, 시어의 의미를 통해 생각의 깊이를 향한 사색의 동심시가 될 수 있도록 노력하였다. 물론 동심시의 특성상 언어유희에 치중한 작품도 함께 실었다.

4.

첫 동시집 『하얀 까치집 검은 까치집』(2003)에서도 시어와 행간의 배열을 통해 시각적 회화성 형태의 시를 몇 편 수록했었다. 그중 세 편을 다시 읽어 본다.

    덩그렁
    나무 위
    오두막집 한 채
    얼기설기 엮은
    까치 가족 보금자리

    새근새근
    아기 잠든 사이
    하얀 지붕 꾸몄네!

    앞집 지붕도
    하얗게…

        하늘에서

제3부 시론

  자꾸자꾸 눈이
     내
     리
     네

    평
    평

   -「하얀 까치집」 전문

어린이처럼
순 오를 때부터
곧게
비바람 몰아쳐도
바르게
찬바람 스쳐도
푸르게
쑥
쑥

자
란
다
.

.
.

　　　　　－「대나무」 전문

가로등은

세

로

로

서

있는데

왜, 가로등일까?

　　　　　－「가로등」 전문

　동시 「하얀 까치집」은 언뜻 읽어도 함박눈이 하늘에서 펑 펑 내리는 모습을 시각적 회화성 형태로 시행을 나누었다. 3연에서 "하얗게…"라는 줄임표는 까치집 위에 하얀 눈이 보드랍게 내려앉은 모습을 시각적으로 강조하기 위한 의도이다. 4연에서 마치 눈이 하늘에서 내리는 것처럼 한 자씩 "내 / 리 / 네 // 펑 / 펑"이라고 행을 배열하였다. 눈이 펑펑 내린다는 시각적 회화성을 강조하기 위해 "펑 / 펑"을 하나의 연으로 나누었다.

동시 「대나무」는 죽순이 솟아올라 쑥쑥 커 가는 모습을 "쑥 / 쑥 // 자 / 란 / 다 / . / . / ."라고 시각적 회화성 형태로 시행을 나누면서 줄임표를 땅속의 대나무 뿌리처럼 느끼도록 점 하나씩을 한 행으로 세 번 배열하였다.

동시 「가로등」은 가로등이 길가에 외로이 서 있는 모습을 "세 / 로 / 로 // 서 // 있는데"라는 시각적 회화성 형태로 시행을 나누었고, 특히 "서" 한 글자만으로 연으로 배열하여 가로등이 움직임 없이 불빛을 내리비추며 서 있는 이미지를 시각화하였다.

5.

이번 두 번째 동심시집 『칭얼거림은 귀여워』에서는 짧고 간결한 시 위주로 수록하였다. 특히 회화적 효과를 극대화하기 위해 시각화를 향한 시행 배열의 형태 실험에 비중을 둔 시가 많은 부분을 차지한다. 의미의 단위를 중시하였지만, 장면 전환과 이미지와 리듬 단위로 행갈이를 시도하여 여백과 조화로움이 이루어지게 배열하였다. 여기서 세 편만 소개한다.

철새의 비상

바람
일으킨
날개
눈을 뜬
꿈

그 꿈
쪼아 물고

줄
    지
        어
            날
        아
    간
다.

                              -「봄의 꿈」전문

제3부 시론

   등
  돌리고
   선
   아이

   걸어
   올린
   뽀얀
   종
   아
   리

  철썩

   철썩

사랑의 매
간질간질하다.

    -「파도 · 9」 전문

바람이 피운 꽃
 펄
   럭
펄

　　　　럭

나부끼는 오색 꽃
손을
　흔
　　　들
　어

바람을
　흔
　　　든
　다.

펄럭이며 웃는 꽃.

- 「오색 깃발」 전문

　동심시 「봄의 꿈」에서는 철새가 줄지어 날아가는 이미지를 시각화하였다. 철새가 줄지어 날아가는 모습을 "줄 / 지 / 어 / 날 / 아 / 간 / 다"라는 시각적 회화성 형태로 시행을 나누면서 글씨 크기도 시각화하였다. 양쪽 후미를 크게, 선두 쪽으로 갈수록 작게 하여 원근이 느껴지도록 구성하였다. 겨울 철새 기러기가 대형을 갖추고 날아가는 이미지를 시각화하여

한눈에 떠올릴 수 있도록 시도해 본 것이다.

　동심시 「파도・9」는 한 아이가 파도에 등 돌리고 바지를 걷어 올리고 서 있는 이미지를 시각화하였다. 어른의 동심 시각에서 어머니의 사랑의 매(회초리)를 형상화한 것이다. 사랑의 매는 지금의 어린이 시각에서는 가정폭력이지만, 어른의 동심 시각에서는 어머니를 회억하며 동심으로 돌아가게 하는 기억의 매개물이다. 어린이의 여리고 뽀얀 종아리에 파도가 어머니의 사랑의 매처럼 철썩철썩 때린다. 그래서 등과 뒷모습을 시각적으로 형상화하기 위해 일정한 거리에서 우측 정렬을 하였다. 의도적으로 한 글자가 한 행의 호흡을 하도록 배열했다. 그 호흡 때문에 가늘고 여린 뽀얀 '종아리'에 이질적인 차디찬 파도가 어머니의 사랑의 매처럼 철썩철썩 때릴 것만 같다. 파도와 종아리와의 만남에서 파도 소리가 울려 퍼지는 울림을 온몸으로 느끼도록 시각화해 보았다.

　동심시 「오색 깃발」에서는 고깃배가 포구로 돌아올 때 만선을 알리는 오색 깃발이 펄럭대는 이미지를 시각화하였다. 오색 깃발이 펄럭대는 모습을 "펄 / 럭 / 펄 / 럭" 나아가 "바람을 / 흔 / 든/ 다."라는 시각적 회화성 형태로 시행을 나누면서 글씨 크기도 시각화하였다. 흔들림을 회화적으로 형상화한 우측의 글씨만 의도적으로 크게 하여 원근이 느껴지도록 구성하였다. 풍어의 기쁨에 찬 오색 깃발을 펄럭이며 포구로 귀환하는 고깃배의 모습이 그림처럼 펼쳐지게 시각화한 것이다.

이 세 편의 동심시는 20세기 초 서구의 미래파가 선보이고 입체파가 크게 유행시킨 형태시의 차용이라 보아도 무방하다. 언어의 의미보다는 활자 크기와 색깔, 연과 행의 배열로 시를 모자이크하여 시각적인 효과를 기대하였다는 측면에서 형태시의 차용임이 분명하다.

더 엄격하게 말하면, 활자를 활용한 '시각시(視覺詩, visible poetry)'라고 말할 수도 있고, '구체시(具體詩, Concrete Poetry)' 혹은 '구상시(具象詩, Concrete Poetry)'라는 용어로 말할 수도 있다. 《다음 국어사전》에 의하면 구체시는 "단어, 음절, 철자의 부분, 구두점을 시각적으로 배열해서 효과를 얻는 시. 1950년대의 세계적인 운동이었던 구체주의에서 나온 것으로, 종종 어의적 의미나 음향적 측면은 무시한 채 공간적인 도안을 강조하며, 색채를 쓰거나 인쇄 외의 다른 매체를 쓰기도 했다."고 기술하고 있다. 이 구체시는 시대에 따라 형태시(shaped poetry)·입체시(cubist poetry)·모형시(Pattern Poems) 등으로 불리기도 했다. 19세기에는 활판 인쇄술을 시각적으로 활용한 프랑스 시인 말라르메의 「주사위 던지기(Un Coup de dés)」(1897), 20세기 초에는 기욤 아폴리네르의 「칼리그람(Calligrammes)」(1918)이 대표적인 작품으로 널리 알려졌다. 우리나라에서는 시인 이상(李箱)을 비롯한 많은 시인이 이 같은 시를 선보이기도 했다.

이번 동심시집에서의 시각적 이미지의 형상화를 향한 형태 실험의 효과와 가치 평가에 대해서는 독자의 몫으로 남겨 놓는다.

제4부 메타 구조의 사설시조

시인의 날갯짓

갈마드는 상상력

시인의 길

왕짜가 시인 자가 진단 항목

절대자를 욕하는 시인

이름 모를 꽃을 외치면

시인의 하심

늪으로 가는 시인에게

시인의 성찰

등단 시인은 전문가

시가 밥 밥 먹여 누나

유치한 시

창작 원리쯤은 알아야 시인

제4부 메타 구조의 사설시조

시인의 날갯짓

시인은 명시 한 편쯤 남기려 하얀 밤을 뚫고 빛을 찾아 헤맨다. 쓰고 쓰자, 남기고 남기자, 명시를.

진짜 시인은 미로 속에서도 밝은 빛을 엮어 미리내 여행을 누린다. 찌든 마음 툭툭 털어 내어 드높이 날개 펼치려 자판에서 모음 자음을 쪼아먹는다. 모음 자음의 날갯짓이 뿜어낸 봄바람, 꽃을 깨운다.

바람아,
날갯짓하자
상상의 힘 펼치자!

갈마드는 상상력

밤낮이 빙글 돌아
갈마든 색동 계절

되돌이표 벽에 부딪힌
봄 여름 가을 겨울

콩다콩
시어의 진폭
오선지를 흔든다.

제4부 메타 구조의 사설시조

시인의 길

올곧은 시인은 우리말에 어울리는 옷을 입힌다. 잃어버린 옷을 찾아 울퉁불퉁한 길을 걷는다.

진짜 시인은 사라진 말, 죽어 가는 말을 찾아내어 빛을 두르고 옷을 입힌다. 새말의 콧속 깊이 숨을 불어넣는다. 시어에 날개를 달아서 하늘을 날게 한다. 가짜 시인은 오류투성이 시어를 시적 자유, 시적 파격이라며 딴말로 도배한다. 앙똥한 헛말로 빚은 벽돌을 쌓아 올린다.

짜가는
얼토당토않은
헛소리만 조잘댄다.

왕짜가 시인 자가 진단 항목

게으름 병에 걸린 시인은 짜가 가운데 왕짜가.

왕짜가 시인은 병증을 자각하지 못한다. 통증이 없어 자가 진단도 할 수 없다. 합병증에 그을린 마음이 굽은 지 오래라 중증의 불 속에서도 스스로 깨달을 눈도 마음도 없다. 자가 진단 여섯 항목도 본체만체한다. 첫째, 문학 단체 직함에 열중하거나 문단 정치에 집착한 적 있다. 둘째, 글로 말해야 함에도 온갖 이간질과 비인간적인 행위를 동원한 적 있다. 셋째, 글 수준과는 무관한 짬짜미로 상과 상금을 받은 적 있다. 넷째, 국민의 혈세로 조성한 각종 문예 보조금이나 지원금을 눈먼 돈으로 여기며 착복한 적 있다. 다섯째, 문단 회원에게 골고루 돌아가야 할 돈을 특정인에게 돌아가게 하거나 착복한 적 있다. 여섯째, 문단의 직함이 글 수준인 양 거들먹거린 적 있다. 한두 항목에 해당하면 초기 증상, 서넛 항목 병합하면 중증, 다섯 항목 이상이면 무덤에서도 고칠 수 없는 왕짜가 시인!

병증을 하나씩 고쳐 시인답게 참시를 쓰자.

제4부 메타 구조의 사설시조

절대자를 욕하는 시인

시 창작 근원을 영감에서 찾는 시인 거짓말쟁이

한 시인이 거품을 물고 옆으로 걸었다. 시 쓰기에 앞서 하나님께 간절히 기도한단다. 하나님으로부터 계시적 영감을 받아 그대로 받아 쓴다며 침을 튀겼다.

계시받은 시 수준이 함량 미달! 딱딱하게 굳어 가는 화장품처럼 흥건했던 심상 함유량이 증발해 버렸다.

천지를 창조한 전지전능하신 하나님이 계시한 시라면 최고의 완성도여야 마땅하다. 그 시인은 태초에 천지를 창조한 창조주, 절대자의 권능마저 새빨간 거짓말로 만드는 재주를 가졌다. 최근 몇 년 동안 들은 거짓말 가운데 으뜸.

손잡이 달아난 맷돌로 간 까칠한 콩가루 같은 거짓말!

누르던
코웃음 화산
솟구쳤다,
나도 모르게.

이름 모를 꽃을 외치면

낯 두꺼운 시인 수선화를 모른다. 부끄러워할 줄 모르는 철면피라 알 리가 없다.

철면피 시인은 시에 쌍칼을 휘두른다. '이름 모를 꽃', '이름 모를 새', '이름 모를 벌레'라며 난도질한다. 난도질하는 시인, 짜가 시인! 형상화를 포기한 시인, 형포 짜가 시인!

용감타
나르시스를
품은 가면
벗어라.

시인의 하심

높은 마음 머리 불쑥 내밀 때 다독여 잠재우자. 잠재우지 못하면 검은 혀가 목구멍을 치고 나와 날름대고, 허파엔 바람구멍이 크게 자라 헛바람이 오간다.

종종 높은 마음이 불쑥 튀어나온다. 잠재울 수 없다. 잠재울 수만 있다면 물길 속 깊이를 재듯 졸졸 흐르는 발걸음으로 산다.

헛바람
낮게 내려놓자
빠를수록 더 좋다.

늪으로 가는 시인에게

절벽에서 서성이든 시인은 물가로 갔다. 물가로 간 시인은 곧 나르시스를 품었다. 서서히 어딘지 알 수 없는 늪에 빠져 허우적댔다. 늪으로 간 시인은 모조리 사라졌다.

늪으로 가는 시인의 줄은 끊이지 않는다.
늪으로 가는 시인에게 손가락질할 일은 아니다. 시인이 나르시스를 품는다면 타자의 빛에 어둠을 드리우게 한다. 나르시스 같은 시인에겐 어둠만이 도사린다. 이들은 절대자인 양 거들먹거린다. 자기에겐 고무줄과 같은 느슨한 잣대를, 타자에겐 차갑고 엄격한 쇠 잣대를 들이댄다. 자기는 창조주처럼 오류를 범하지 않는다고, 타자는 늘 오류투성이라고 코웃음친다.
늪은 시인의 해골도, 뼛가루도, 가죽도, 시도, 이름도 토해내지 않는다. 수선화조차 삼켜 버린다.

시인아, 나르시스와 헤어져야 참꽃 핀다.

시인의 성찰

진짜 시인이라면 명작 한 편쯤은 남기고 싶어 한다. 명작이 아니라도 성공적인 작품 한 편쯤 남기려 애를 잘게 쪼개어 녹인다.

하늘에서 뚝 떨어지는 일은 없다. 뼈를 깎듯 시를 쓰고, 티를 찾아내어 다듬고, 되돌아봐야 한다. 곧은 마음을 자근자근 짓밟고, 눈물을 뽑아내어 화장하고, 가슴에서 핏물을 뽑아내어 쓰라림을 맛봐야 한다. 견뎌 낼 수 없다면 시인 직함을 내팽개쳐야 한다.

성장통 없는 성장은 없다. 성장통을 거부하며 시를 쓰겠다고 덤벼드는 시인은 강도와 다름없다. 대충 작품을 써서 성공한다면, 노력의 산물과는 거리가 먼 "운이 좋아서"라는 평가를 받을 수밖에 없다.

운도 실력일까? 잠시 성공한 듯해도 완성도가 낮은 시에는 개떼가 달려들어 물어뜯는다. 자업자득!

가치를
되짚어보자.
시의 티를 되돌아보자.

제4부 메타 구조의 사설시조

등단 시인은 전문가

등단 시인은 전문가. 등단 시인의 시가 습작 수준이라면?

"등단 문인 열 가운데 아홉은 가짜다.", "일 년 독서량이 천 쪽도 안 되는 작가가 득실거리는 시대다."라는 말이 흔하게 돌고 돈다. 독자의 시선이 날카롭게 가슴을 찌른다. 비수처럼 가슴에 꽂고 피를 흘리며 되짚어 깨달아야만 성공적인 시를 남길 수 있다. "나는 진짜 시인이야!" 착각하는 순간, 아마추어 수준으로 전락하고 만다. 이런 시인은 암흑과도 같은 깊은 늪에 빠져 허우적거리면서도 그것이 광명(光明)인 줄 착각한다.

가짜 시인은 형상화, 이상화, 전경화, 이념화의 뜻 알더라도 창작에 적용할 줄을 모른다. 이런 말을 처음 접하는 순도 0% 가짜 시인도 있다. 이들은 개념어를 시어로 채택할 만큼 관념에 사로잡혀 산다. 그게 시적 진술이고, 묘사이고, 정서 표현이라 착각한다. 철학자인 양 시를 쓴다. 무식하면 용감한 법이다. 성찰은커녕 부끄러워할 줄 모르고 뻐긴다.

시 창작의 지평과 시론

  수많은 시인이 늪에 빠져 허우적거린다. 그들 스스로 어둠 속에 등불을 밝힐 수 있기를 바랄 뿐.
  진짜 시인이라면 스스로 "시란 무엇인가?", "문학이란 무엇인가?" 화두를 던지고, 답을 찾아 길고 긴 고투의 여행을 한다.

  깊은 늪
  치열한 고투
  스스로 싸워 이기자.

제4부 메타 구조의 사설시조

시가 밥 먹여 주나

가난한 시인
죽기보다 듣기 싫어하는 말

시가 밥 먹여 주나.

굶주려
쓰리고 아린 뱃속
알 리 없다.

창자가 말라비틀어져도
용솟는 시

맑은 시(詩)샘 때문.

곰팡내
뱃속 변주곡
시가 밥 먹여 주나.

쪽방에 웅크린 몸
겹겹이 입은 털옷

찬물만 씹어 삼킨
곰팡이꽃 핀 뱃속

걸뱅아
밥 멕여 주나
시시한 시가 시가?

제4부 메타 구조의 사설시조

유치한 시

별 헤는 시
달 그리는 시
사랑 타령 시
유치하다 카더라.

하모, 맞다.
뿔다구 날 만큼 유치한 기라.

고상한 시는 뭐꼬?

뿔따구
뽑은 시라 카이
진짜
진짜
참말로.

사랑 타령 되돌이표
그게 시가?
시 맞나?

철 가루 바른 얼굴
수선화로 필 거야

틀니가
배꼽을 잡듯
시답잖은 시
판친다.

제4부 메타 구조의 사설시조

창작 원리쯤은 알아야 시인

    시인끼리 열 명 가운데 한두 명만 창작 원리를 제대로 이해한다고 서슴없이 말한다.

    시인은 이론으로 똘똘 무장한다. 언제부턴가 이론가는 이론가일 뿐이고, 창작자는 창작자일 뿐이라는 흐름이 팽팽하다.
    자작시에 시론을 불어 넣지도 못한다면 시인일까? 시를 논할 때 돼지감자 같은 소리 해대면 시인일까? 등단 이십 년이 넘어도 자기 시의 창작 원리를 모른다면 시인일까? 이론으로 무장하지 않았다고 다 가짜라고 말할 수도 없다. 이론과는 거리가 멀더라도 가슴을 울리는 시를 쏟아 내는 시인도 있다.

    뚝감자
    서너 바구니
    쏟아 내면 가짜 시인.

시 창작의 지평과 시론

- 시 창작법

발행일 | 2023년 11월 03일 초판 2쇄 발행
지은이 | 신기용
펴낸이 | 신기용
펴낸곳 | 도서출판 **이바구**
　　　　부산광역시 부산진구 동성로143(전포동, 신우빌딩) 2022호
　　　　T. 010-6844-7957
등　록 | 제329-2020-000006호
ⓒ 신기용 2023
ISBN 979-11-91570-45-8 (03800)

정 가 | 22,000원

※ 이 책은 저작권법에 따라 보호받는 저작물이므로 무단전재와 복제를 금합니다.